Fischer TaschenBibliothek

China ist ein Land voller Mysterien, Rätsel und Widersprüche. Françoise Hauser bringt uns die interessantesten Fakten und Geschichten nahe.

Françoise Hauser hat Ostasienwissenschaften und Geographie in Erlangen, Nanjing (VR China) und Tainan (Taiwan) studiert. Als freie Journalistin mit Asien-Schwerpunkt schreibt sie seit mehr als 15 Jahren regelmäßig für diverse Magazine und Zeitungen wie »inAsien«, »Asia Bridge«, »Die Welt«, »Touristik Aktuell«, »Business Traveller«, »Spiegel Online«, »Focus Online«, »Clever Reisen«, »Momentum«, »Diners Club Magazine« u. a. und ist auch als Buchautorin und Trainerin für interkulturelle und journalistische Themen tätig.

Weitere Informationen finden Sie auf www.fischerverlage.de

Françoise Hauser

CHINA
FÜR DIE HOSENTASCHE

Was Reiseführer verschweigen

FISCHER TaschenBibliothek

3. Auflage, 2026

Originalausgabe
Erschienen bei FISCHER Taschenbuch
Frankfurt am Main, Juni 2017

Dieses Werk wurde vermittelt durch
Aenne Glienke / Agentur für Autoren und Verlage,
www.AenneGlienkeAgentur.de.
Umschlaggestaltung: Geviert, Grafik & Typografie, München
Umschlagabbildung: Getty Images / Alonso Design
Satz: Dörlemann Satz, Lemförde
Druck und Bindung: CPI books GmbH, Leck
ISBN 978-3-596-52104-3

Kontaktadresse nach EU-Produktsicherheitsverordnung:
produktsicherheit@fischerverlage.de

Inhalt

Einleitung

Die Straßen voller Radfahrer, sozialistische Architektur aus subtropisch vermodertem Beton, die Menschen im blauen Mao-Anzug, vor Schreck erstarrend beim Anblick eines Ausländers: Das war China 1989, im Jahr meines ersten Besuchs. Als ich 1992/93 zum Auslandsstudium nach Nanjing ging, war es schon ein wenig bunter: Die ersten Diskotheken und Privatrestaurants öffneten, das Angebot der Läden und Kaufhäuser wurde größer, ja sogar eine ganz passable Pizzeria gab es schon. Nur die Überraschung beim Anblick einer Langnase war geblieben. 1997 – ich hatte zwischenzeitlich andere Orte in China besucht, nicht aber Nanjing – weigerte ich mich, den Langstreckenbus in Nanjing zu verlassen: Niemals war diese Metropole die Stadt, die ich vier Jahre zuvor verlassen hatte. Als wenn ich mich so mir nichts, dir nichts von einem Busfahrer veräppeln lassen würde! Aber sie war es doch. Praktisch über Nacht war ein Meer von Hochhäusern aus dem Boden geschossen, ich fand das Wohnheim, in dem ich ein Jahr gewohnt hatte, nicht mehr. Und an den Anblick von Ausländern hatte man sich auch schon gewöhnt. In dieser Taktung geht es bis heute weiter:

Bei jedem Besuch zeigt sich mir ein neues Land, moderner, schnelllebiger, bunter. Langweilig wird es in China also nicht, auch nicht bei der dritten, vierten oder fünfundzwanzigsten Reise. Ich bin den Chinesen dankbar, dass sie sich immer wieder die Mühe machen, mich zu verblüffen: Dinge, die vor wenigen Jahren noch so typisch chinesisch schienen, ohne die man sich das Land und die Menschen gar nicht vorstellen konnte, hat man im Vorübergehen schnell mal über Bord geworfen: Fahrräder? Sieht man heute auf den großen Straßen beispielsweise kaum noch. Geblieben sind dennoch viele Kuriositäten und Eigenheiten, die den ausländischen Besucher vor Rätsel stellen und hinter denen oft eine überraschende Geschichte steckt. Eine ganze Reihe davon finden Sie in diesem Buch, genauso wie Fakten und Erklärungen, die vielleicht das eine oder andere Mysterium lüften.

Anmerken möchte ich noch: China ist unglaublich schnelllebig! Nirgendwo sonst sind Zahlen so schnell obsolet, werden so atemberaubend schnell neue Projekte angestoßen. Für jede Regel gibt es eine Ausnahme, jede Aussage über China lässt sich irgendwie und irgendwo widerlegen. Das Land ist einfach so groß und vielfältig, dass es fast schon anmaßend ist, alle 1,4 Milliarden Menschen über einen Kamm zu scheren. All jenen, die China ganz anders erlebt haben als ich, kann ich nur beipflichten – auch sie haben recht. In China ist Platz für viele Wahrheiten, die sich sogar widersprechen dürfen, ohne an Wahrheitsgehalt zu verlieren.

Eckdaten China

Fläche: ca. 9,6 Millionen km^2
Ausdehnung Nord-Süd: 4500 km
Ausdehnung Ost-West: 4200 km
Einwohner: rund 1,4 Milliarden
Nachbarländer: 14
Anzahl der wilden Pandas: 1864 (Zensus 2014)
Anzahl der wilden Elefanten: ca. 250
Küstenlänge: 14 000 km
Niedrigste gemessene Temperatur (in Mohe): –52,3 °C
Höchste gemessene Temperatur (in Turfan): 50,3 °C
Zahl der Millionenstädte: ca. 150
Zahl der von Menschen gepflanzten Bäume in den letzten 20 Jahren: 35 Milliarden
Prozent des nicht trinkbaren Grundwassers: ca. 60
Zahl der Fahrstühle und Rolltreppen: ca. 3,8 Millionen
Ausländer in China: ca. 900 000, die meisten davon in Guangzhou, Shanghai und Beijing
Durchschnittliche Lebenserwartung: 76 Jahre
Devisenreserven: 3 220 000 000 000 USD
Goldreserven: 1762 Tonnen

Land, Leute und Geographie

Was ist China?

»Dumme Frage«, mag da manch einer denken, immerhin braucht man nur den Atlas aufzuschlagen, um China zu finden. Doch die Volksrepublik ist nicht das einzige Land, das die Bezeichnung »China« trägt. Neben der Volksrepublik China *Zhōnghuá rénmín gònghéguó* 中华人民共和国 ist in europäischen Atlanten auch die Insel Taiwan als Republik China *Zhōnghuá mínguó* 中華民国 eingezeichnet. Hongkong *Xiānggǎng* 香港 und Macau *Àomén* 澳门 wiederum gehören zwar politisch mittlerweile zur Volksrepublik, besitzen aber als Sonderverwaltungszonen noch einen Sonderstatus und werden farblich abgehoben dargestellt. Geht es nach der Volksrepublik, gehören nicht nur sie zum Staatsterritorium, sondern auch Taiwan – ein Anspruch, der lange Zeit auch umgekehrt galt und für Spannungen sorgte. Auch diverse andere Inselgruppen wie die Spratly Islands oder die Paracelsius-Inseln zählt man in Beijing selbstverständlich dazu, was bei etlichen Nachbarländern zu Verstimmungen führt.

Auch wenn man das volksrepublikanische Staatsgebiet selbst betrachtet, bleiben Fragen offen: Hier gibt es gleich eine ganze Reihe von Regionen, wie beispielsweise Tibet oder die Autonome Provinz Xinjiang, deren Bewohner sich nicht alle zwingend als Chinesen verstehen und oft eine andere Muttersprache sprechen. Die Tibetfrage ist sowieso ein Garant für emotionale Diskussionen. Die Erstellung einer simplen Karte kann daher schon zu diplomatischen Verwicklungen führen: Je nachdem, wie man beispielsweise Taiwan einzeichnet, also als Teil der Volksrepublik oder als eigenen Staat, fühlt sich eine der beiden Seiten garantiert auf den Schlips getreten.

Wo liegt Greater China?

Dazu kommt eine weitere Frage: Wie soll man mit den Regionen umgehen, die zwar kulturell chinesisch geprägt sind, aber nicht zu China gehören? Im Ausland fällt oft der Begriff »Greater China«, eine geschickte Definition, die nicht nur das chinesische Festland beinhaltet, sondern eben auch all jene Gebiete, in denen die chinesische Kultur eine entscheidende Rolle spielt, also Taiwan, Singapur, Hongkong und Macau, ohne dass sich daraus eine politische Aussage ergibt. Manchmal sind – je nachdem, wer diesen Begriff benutzt – fälschlicherweise sogar die von Chinesen besiedelten Gebiete Malaysias, Indonesiens oder Thailands gemeint, in denen die chinesischen Gemeinschaften eine wichtige wirtschaftliche Rolle spielen. In den südostasiatischen Ländern macht man sich damit jedoch keine Freunde.

Wer ist Chinese?

Auch der Begriff »Chinese« lässt sich nicht so einfach definieren, denn es gibt feine Unterschiede, die aus chinesischer Sicht von großer Bedeutung sind. Dabei spielen kulturelle Identität und Aussehen eine wichtige Rolle, aber auch die Frage, ob man in China geboren wurde. Nicht zuletzt stellt sich die Frage: Wie »chinesisch« muss man sein, um als Chinese zu gelten? Ab welchem Grad der Assimilierung zählt man als Bürger eines anderen Staates? US-Amerikaner chinesischer Abstammung stellen in China oft mit Erstaunen fest, dass sich niemand darum schert, dass sie sich selbst als Amerikaner empfinden, und sie selbstverständlich als Chinesen wahrgenommen werden. Die Schätzungen, wie viele Auslandschinesen es gibt, schwanken daher je nach Quelle erheblich: Zwischen 35 und 60 Millionen sollen es sein.

Im chinesischen Kulturraum unterscheidet man zwischen:

Zhōngguórén 中国人
Wörtlich »Mensch des Reichs der Mitte«, also Staatsbürger Chinas, aber nicht zwingend chinesischer Ethnie. Auch Uighuren aus Xinjiang, Tibeter und beispielsweise Mongolen der Inneren Mongolei gehören dazu, denn sie haben einen chinesischen Pass. Bezeichnet man einen Singapurer Chinesen als Zhongguoren, macht man sich in der Regel nicht beliebt – er ist schließlich Singapurer!

Hàn 汉
Die meisten Chinesen gehören der Ethnie der Han an: Sie sind es, die wir als »Chinesen« bezeichnen und deren Kultur wir als »chinesisch« empfinden. Mit 91,6 Prozent machen sie den größten Teil der Bevölkerung aus.

Huáqiáo 华侨
So werden Chinesen bezeichnet, die in China geboren wurden, aber im Ausland leben.

Huárén 华人
auch: háiwài huárén 海外华人
Das sind Überseechinesen, die eine andere Staatsbürgerschaft als die chinesische besitzen, meist aber noch Chinesisch sprechen und in der chinesischen Kultur verwurzelt sind. In Südostasien bezeichnen sich meist all jene so, die von ihrer Umwelt als Chi-

nesen wahrgenommen werden, so wie beispielsweise die malaysischen Chinesen, die bereits seit Generationen dort ansässig sind.

Huáyì 华裔
Dieser Sammelbegriff umfasst alle, die irgendwie chinesischer Abstammung sind, auch wenn sie sich vielleicht selbst eher einer anderen Kultur angehörig fühlen, eine andere Staatsangehörigkeit besitzen und oft auch des Chinesischen nicht mächtig sind. Äußerlich erkennt man sie dennoch als »Chinesen«.

De facto werden diese Bezeichnungen in der Literatur und im chinesischen Alltag jedoch munter durcheinandergeworfen und auf Deutsch meist mit »Überseechinesen« übersetzt. Auch mit den genauen Definitionen hält man sich im Alltag kaum auf: In den Augen der meisten Chinesen ist »Huáqiáo«, wer danach aussieht und chinesische Vorfahren hat.

Wo sonst noch viele Chinesen leben:

Land	**chinesische Einwohner**
Indonesien	7.500.000
Thailand	7.000.000
Malaysia	6.400.000

USA	3.800.000
Singapur	2.800.000
Kanada	1.600.000
Peru	1.300.000
Kambodscha	1.200.000
Vietnam	1.200.000
Philippinen	1.100.000
Myanmar	1.100.000
Russland	1.000.000
Afrika gesamt	1.000.000
Frankreich	700.000
Südkorea	700.000
Australien	670.000
Japan	650.000
UK	500.000
Kasachstan	300.000
Italien	200.000
Indien	190.000
Laos	185.000
Vereinigte Arabische Emirate	180.000
Brasilien	150.000
Neuseeland	150.000
Niederlande	145.000
Panama	130.000
Spanien	130.000
Kuba	110.000
Deutschland	105.000

Argentinien	100.000
Jamaika	70.000
Costa Rica	63.000
Saudi-Arabien	45.000
Surinam	40.000
Brunei	40.000

Chinesische Minoritäten

Die Ethnie der Han macht, wie gesagt, rund 91,6 Prozent aus. Die restlichen 8,4 Prozent gehören zu ethnischen Minderheiten (oft als Minoritäten *shăoshù mínzú* 少数民族 bezeichnet) – das sind immerhin mehr als 100 Millionen Menschen! 56 anerkannte nationale Minderheiten gibt es insgesamt, deren Kultur sich teils erheblich von der der Han unterscheidet. Dazu gehören Völker wie die Miao und die Zhuang, aber auch die Uighuren und Mongolen. Prinzipiell ist es nicht von Nachteil, einen Minoritäten-Status zu besitzen, hier und da werden die Minoritäten sogar bevorzugt, zum Beispiel bei der Studienplatzvergabe oder bei der Geburtenpolitik (Die Ein-Kind- beziehungsweise inzwischen Zwei-Kind-Politik galt und gilt für die Minoritäten nicht). Politischen Einfluss besitzen sie, von einigen Aspekten der kulturellen Selbstverwaltung abgesehen, jedoch nicht: Da sie meist in den strategisch wichtigen, aber dünn besiedelten Randgebieten Chinas wohnen, reagiert die Regierung allergisch auf allzu große Autonomiebestrebungen – wollte man alle vorrangig von Minoritäten bewohnten Gebiete von China abtrennen, blieben nicht einmal 40 Prozent des volksrepublikanischen Territoriums übrig.

Was macht eine Minorität aus?

- eine eigene Sprache
- territoriale Geschlossenheit des Siedlungsgebiets
- einheitliches Wirtschaftssystem
- Zusammengehörigkeitsgefühl

Allerdings trifft dies nicht auf alle Minoritäten zu. So unterscheiden sich die Hui, die muslimischen Han-Chinesen – sprachlich kein bisschen von der Mehrheit.

Die größten Minoritäten

Name	**Anzahl in Mio.**	**Hauptsiedlungsgebiet**
Dai	1,2	Yunnan
Kasachen	1,5	Xinjiang
Li	1,5	Hainan

Name	Anzahl in Mio.	Hauptsiedlungsgebiet
Hani	1,6	Yunnan
Koreaner	1,8	Jilin, Heilongjiang, Liaoning
Bai	2,0	Yunnan, Guizhou
Yao	2,8	Guangxi, Hunan
Bouyei	2,9	Guizhou
Dong	2,9	Guizhou, Hunan, Guangxi
Mongolen	6,0	Innere Mongolei, Liaoning
Tibeter	6,3	Tibet, Sichuan, Qinghai
Tujia	8,3	Hunan, Hubei, Guizhou, Chongqing
Yi	8,7	Yunnan, Sichuan, Guizhou
Miao (Hmong)	9,4	Guizhou, Hunan, Yunnan
Uighuren	10,0	Xinjiang
Mandschu	10,4	Liaoning, Hebei, Heilongjiang, Jilin
Hui-Chinesen	10,6	Ningxia, Gansu, Xinjiang, Henan, Qinghai, Yunnan
Zhuang	17,0	Guangxi, Yunnan

Was sind autonome Gebiete?

Einige der großen Minderheiten, so wie beispielsweise die Uighuren, Mongolen und Tibeter, leben in klar abgegrenzten Siedlungsräumen, die aus diesem Grunde als sogenannte autonome Gebiete *zìzhìqū* 自治区 den Provinzen gleichgestellt sind. Der Unterschied liegt jedoch in einer gewissen kulturellen Autonomie: So erhalten Kinder beispielsweise in der Grundschule Unterricht in ihrer Muttersprache. Insgesamt gibt es fünf autonome Gebiete: Xinjiang, Ningxia, die Innere Mongolei, Tibet und das Gebiet der Zhuang als Teil der Provinz Guangxi.

Kann man Chinese werden?

Für Menschen chinesischen Ursprungs lautet die Antwort definitiv: Ja! Nach chinesischer Auffassung sind sie ja ohnehin Chinesen, die Staatsangehörigkeit reflektiert dann quasi nur noch die Tatsachen. Für alle anderen heißt es: theoretisch ja. De facto erhalten jedoch nur wenige hundert Menschen im Jahr die chinesische Staatsbürgerschaft. Einerseits scheint der Andrang nicht übermäßig groß zu sein, zum anderen sind die Kriterien nicht einfach zu erfüllen: Man muss in einem engen Verhältnis zu einem chinesischen Staatsangehörigen stehen (zum Beispiel durch

Heirat) und in China leben oder einen anderen »legitimen Grund« haben. Was dies sein könnte, führt das Staatsangehörigkeitsgesetz allerdings nicht aus – eine größere Investition in China ist da sicher nicht von Nachteil.

Volksrepublikanische Chinesen, die aus eigenem Willen eine andere Staatsbürgerschaft annehmen, verlieren die chinesische. Vorausgesetzt natürlich, sie sind so naiv, dies in China öffentlich zu verkünden.

Zeitzonen

China ist ziemlich groß und zieht sich über mehr als 60 Längengrade. Am westlichsten Zipfel des riesigen Reiches geht die Sonne daher rund fünf Stunden früher unter als am östlichen Ende. Eigentlich müsste China nach den gängigen Konventionen also in fünf Zeitzonen eingeteilt sein. De facto gilt im gesamten Land jedoch Beijinger Zeit. Da wundert es wenig, dass manch ein Ort im Westen einfach inoffiziell eine eigene Zeit eingeführt hat, was den Reisenden nicht selten in Verwirrung stürzt, denn Läden öffnen dann nach lokaler Zeit, während sich die Züge und Flüge natürlich nach Beijinger Zeit richten.

Zwei Jahreszeiten – das reicht

Bei der Planung einer Chinareise kommt man um Klimadiagramme nicht herum, denn die Unterschiede sind gewaltig. Während im Norden ein kühl gemäßigtes Klima dafür sorgt, dass im Winter knackige –30 °C keine Seltenheit sind, kann man auf der südlichen Insel Hainan das ganze Jahr über baden, denn sie liegt bereits in den Tropen. Überraschend ist: Von wenigen Regionen abgesehen, kommt man in China bequem mit zwei Jahreszeiten aus: Sommer und Winter. Der Wechsel vollzieht sich innerhalb weniger Tage, so dass man bei einer einwöchigen Beijing-Reise im Oktober den ersten Tag im T-Shirt schwitzt und den letzten im Wintermantel friert.

Land unter: Pflaumenregen

Fast scheint es, China wünsche sich doch noch eine weitere Jahreszeit, und zumindest der Südosten und Osten des Landes haben einen guten Kandidaten dafür: den Pflaumenregen *méiyŭ* (梅雨), benannt nach der zeitgleichen Pflaumenreife. Mit Niederschlägen von bis zu 1000 mm innerhalb weniger Tage (zum Vergleich: So viel misst man in Deutschland nichtmal im Jahr) setzt er zwischen Ende April und Juni immer wieder ganze Landstriche unter Wasser. Mit spektakulären Bildern von großflächigen Überschwemmungen schafft er es dann sogar bis ins europäische Fernsehen. Schuld am Regen ist eine Art Patt-Situation zweier Fronten: Die kontinentalen Luftmassen des Nordostmonsuns und die warme und feuchte Luft des pazifischen Südwestmonsuns treffen hier aufeinander und bilden eine stabile Front, deren Tiefdruckgebiete viel Regen bringen. Hier und da wird der Pflaumenregen auch als 霉雨 geschrieben. Dann wird er zwar genauso ausgesprochen, bedeutet aber »Schimmelregen«, und das aus gutem Grund, denn die hohe Feuchtigkeit lässt so ziemlich alles schimmeln, was nicht zu 100 Prozent aus Plastik besteht.

Yangzi? Yangtse? Jangtse?

Chinas längster Fluss ist im deutschsprachigen Raum unter vielen Namen bekannt, die nur wenig mit dem chinesischen Original gemein haben. Dort läuft er unter Chángjiāng 长江, wörtlich »langer Fluss«. Das ist ziemlich zutreffend, denn mit rund 6300 Kilometern ist er in der Tat der längste Fluss Chinas. Der internationale Name Yangzi stammt übrigens von der eher wenig bekannten lokalen Bezeichnung *Yangzi* 杨子 ab, die sich jedoch nur auf den Unterlauf bezieht. Je nach Umschrift wird daraus dann Jangtse oder Yangtse. Manche hängen auch noch das Wort *kiang* an, was wiederum die alte Umschrift des Wortes *jiāng* 江, also »Fluss«, ist.

In China gilt der Chángjiāng als Grenze zwischen Nord- und Südchina. Lange genug war er das im wahrsten Sinne des Wortes: Bis 1956 gab es keine einzige Brücke über den Yangzi, und selbst bis in die 1990er Jahre wurden gerade einmal drei Brücken gebaut, ein Großteil des Verkehrs wurde weiterhin per Fähren abgewickelt. Heute überspannen rund 30 Brücken den Yangzi.

Wo liegt der chinesische Heizungsäquator?

Nördlich des Yangzi wird traditionell geheizt, südlich davon nicht. Diese Regel stammt noch aus kaiserlichen Zeiten und wurde 1949 von den gerade an die Macht gekommenen Kommunisten übernommen. Aus Kostengründen planten sie nur für Nordchina ein Heizungssystem. Das Geld war knapp, und im Süden ist es schließlich warm, oder? Bis vor wenigen Jahren hielt man sich geradezu biblisch daran, völlig unabhängig von den Temperaturen, so dass die Bewohner der Stadtteile südlich des Flusses bibbernd zuschauen konnten, wie in den Stadtteilen nördlich des Flusses die Schornsteine rauchten. Dort dürfen sich die meisten Bewohner über eine anständige Heizung oder einen Anschluss an die Fernwärme freuen, wenn auch nicht unbedingt über die dazu passende Isolierung, so dass viel Wärme wieder verlorengeht. Im Süden gibt es heute immer öfter Klimaanlagen, die nicht nur im Sommer kühlen, sondern auch im Winter zumindest eine Placebo-Dosis Wärme versprechen und die Luft entfeuchten.

Ob und wie der Süden beheizt werden soll, ist im Übrigen eine Kontroverse, die in China immer wieder in den Medien hochkocht. Man darf getrost davon ausgehen, dass es immer die Südchinesen sind, die das Thema aufs Tapet bringen.

Chinas Backöfen

Ähnlich wie Nanjing zählen auch die Megastädte Chongqing und Wuhan zur nahezu heizungslosen Zone am Yangzi auf der Grenze zwischen Nord und Süd. Rein statistisch gesehen dürfen sich die Bewohner dennoch über eine ordentliche Durchschnittstemperatur freuen, denn alle drei Städte gelten (zu Recht) als Backöfen Chinas. Temperaturen weit über 40 °C sind im Sommer eher die Regel als die Ausnahme. Wer dort wohnt, sollte mit Extremtemperaturen umgehen können.

Auf Staub gebaut

Er ist gelb, staubig und verwandelt sich bei Regen blitzschnell in Schlamm – und doch ist der Löss-Boden so etwas wie der Urkeim der chinesischen Zivilisation. Seine Feinkörnigkeit verrät die Herkunft des Löss sofort: Als Flugstaub brachte ihn der Wind in der letzten Eiszeit aus den innerasiatischen Steppen nach China und lagerte den nährstoffreichen Boden bis zu 200 Meter hoch im Bergland der Provinzen Gansu, Shanxi, Shaanxi und Henan ab. Der Boden ist extrem fruchtbar, leicht zu bearbeiten und speichert auch die Feuchtigkeit gut. Dummerweise sind große Teile der Löss-Gebiete seit Jahrhunderten, wenn nicht sogar Jahrtausenden, nur noch spärlich bewachsen. Wälder, die den Boden halten könnten, gibt es schon lange nicht mehr. Regnet es in den Löss-Gebieten, waschen ihn die Wassermassen blitzschnell von den Hängen. Der Gelbe Fluss *Huánghé* 黄河 verdient sich hier in den Löss-Bergen seinen Namen und bringt die abgetragene Schlammfracht bis zum Gelben Meer.

Warum hassen die Beijinger den Löss?

Weil er ihnen sprichwörtlich immer wieder um die Nase weht. So wie der Löss-Boden nach China gelangte, so wird er oft auch wieder abgetragen: per Wind. Wenn im Frühjahr (und manchmal auch im Herbst) Stürme über China hinwegfegen, bringen sie Unmengen von gelbem, feinem Sand mit sich und lassen die Hauptstadt unter einer gelben Wolke verschwinden. Meist tun sie dies ohne Vorwarnung und bringen den Verkehr innerhalb von Minuten zum Erliegen. Oft ist der Spuk so schnell vorüber, wie er aufgetaucht ist, an anderen Tagen harren die Menschen stundenlang aus, bevor sie sich wieder ins Freie wagen. Der bisher spektakulärste Sandsturm brach im Jahr 2006 über Beijing herein und lud innerhalb weniger Stunden 300 000 Tonnen Sand über der Hauptstadt ab.

Wieso ist der Gelbe Fluss so gefährlich?

Blickt man heute am Unterlauf auf den Gelben Fluss *Huánghé* 黄河, ist es nur schwer vorstellbar, dass er als »Kummer Chinas« in die Geschichte einging: Einst ein mächtiger Strom, verkümmert er in trockenen Jahren zu einem kläglichen Rinnsal. Ihn deswegen zu unterschätzen wäre jedoch fatal. Mit seinen 5460 Kilometern Länge führt der Gelbe Fluss einmal quer durch Nordchina und durchquert dabei die Löss-Gebiete, wo er eine immense Fracht an Schlamm aufnimmt. Sobald er in die Ebene eintritt, verlangsamt sich die Fließgeschwindigkeit. Den Schlamm kann der Fluss nun nicht mehr mit sich reißen, er lagert sich deshalb am Boden des Flussbetts und an den Rändern ab. Durch diese Vorgänge erhöht sich ständig das Flussbett. An manchen Stellen fließt das Wasser auf einer Art Damm von bis zu zwölf Metern Höhe. Solange der Fluss genügsam vor sich hin plätschert, ist das lediglich ein wenig skurril anzuschauen. Doch wehe, der Fluss reißt ein Loch in die Seitenwände, zum Beispiel aufgrund heftiger Niederschläge. Dann ergießt er sich in die Ebene und muss sich sozusagen ein neues Flussbett suchen, denn zurück auf das erhöhte Flussbett kann er ja nicht mehr. 26-mal hat er dies in den letzten 2000 Jahren getan und dabei Millionen Todesopfer gefordert. Kein Wunder, dass die Flussregulierung im Alten China eine wichtige Aufgabe war und sogar über das Weh und Wohl der Dynastien entschied.

Weg!

Um die 28 000 chinesische Flüsse sind in den letzten zwanzig Jahren von den Karten verschwunden – mehr als die Hälfte der einst rund 50 000 Flussläufe. Dass man es so genau weiß, liegt am »Ersten Wasser-Zensus« der Regierung aus dem Jahr 2010. So erschreckend das Ergebnis ist, überraschend kommt es nicht: Die Industrialisierung mit ihrem enormen Wasserverbrauch und die Umweltverschmutzung sind genauso daran schuld wie die intensive landwirtschaftliche Nutzung der bebaubaren Flächen. Nicht zuletzt machen es genaue Erfassungsmethoden nun möglich, die aktuelle Situation zu kartieren. In der Vergangenheit wurde oftmals nur geschätzt, denn in unwegsamem Gelände war der Zustand der Flüsse nur schwer zu prüfen.

Weniger deutlich zu erkennen, aber nicht weniger furchterregend ist die Tatsache, dass 70 Prozent der verbleibenden Gewässer als verschmutzt gelten.

Alles im Fluss

Besonders der Norden Chinas leidet unter extremem Wassermangel, während der Süden dank des feuchten Klimas (noch) über ausreichend Wasserressourcen verfügt. In Anbetracht der chinesischen Vorliebe für gigantische Projekte liegt da der Gedanke nicht fern, durch Umleitungen für Ausgleich zu sorgen. »South to North Diversion Project« *nán shuǐ bēi dào* 南水北到 nennt sich das wahrscheinlich weltweit größte Umleitungsprojekt der Welt: Über ein Kanal- und Tunnelnetzwerk von 2400 Kilometern Länge sollen pro Jahr rund 49 Milliarden Kubikmeter Wasser gen Norden fließen und dort die Landwirtschaft und Industrie entlasten. Der erste der drei Hauptwege vom Danjiangkou-Reservoir in der Provinz Hubei nach Beijing wurde Ende 2014 nach über zehn Jahren Bauzeit eröffnet, ein weiterer Hauptweg vom Unterlauf des Yangzi nach Tianjin ist noch im Bau. Welche Auswirkungen die Umleitungen auf den Süden haben werden, lässt sich bisher noch nicht abschätzen. Neu ist die Idee übrigens nicht: Schon Mao Zedong soll 1952 darüber sinniert haben, ob sich die Wasservorräte des Südens nicht gen Norden umleiten ließen.

Wie hoch ist der höchste Berg?

Chinas höchster Berg ist gleichzeitig auch der höchste des Planeten: Der Mount Everest misst derzeit 8844 Meter, hebt sich aber im Jahr um zehn bis 20 Millimeter, denn seit rund 35 Millionen Jahren schiebt sich der indische Subkontinent unter den kontinentalen Block Eurasiens und hebt damit, etwas vereinfacht gesagt, den Himalaya an. Allerdings wird ein Teil des Zuwachses durch die Erosion wettgemacht, so dass der Zuwachs letztendlich bei rund vier Millimetern liegt.

Erdbeben in China

Genau jene Kräfte, die den Himalaya hochschieben, sind es, die den Südwesten Chinas zu einem Erdbebenrisikogebiet machen. Immer wieder verhakt sich die indische Platte an der eurasischen und baut damit Spannungen auf, die sich oft ruckartig lösen und starke Beben verursachen, wie beispielsweise das Beben von Sichuan im Jahr 2008. Doch nicht nur dort ist die Erde in Bewegung: Auch im Nordosten wackelt die Erde immer wieder, denn dort gleitet die Amurplatte an der eurasischen Platte entlang. Wahrscheinlich ist sie schuld am großen Beben von Tangshan 1976, bei dem mindestens 250 000 Menschen starben. Andere Schätzungen gehen sogar von doppelt so vielen Opfern aus.

Ab in die Stadt!

Laut der National Development and Reform Commission lebten 2016 rund 56 Prozent der Chinesen, also rund 750 Millionen, in Städten. Zum Vergleich: 1978 waren es noch 170 Millionen Menschen. Eines der wichtigsten Entwicklungsziele Chinas ist es, die Verstädterung bis 2020 auf rund 60 Prozent zu steigern. Neben städtebaulichen und infrastrukturellen Fördermaßnahmen sollen auch Zusammenlegungen von besiedelten Gebieten die Verstädterung vorantreiben. Derzeit ist man beispielsweise dabei, den Ballungsraum des Perlflussdeltas mit den Städten Guangzhou, Shenzhen, Foshan, Dongguan, Zhongshan, Zhuhai, Jiangmen, Huizhou und Zhaoqing in eine riesige Metropole mit 42 Millionen Einwohnern zu verwandeln.

Auch die Hauptstadt Beijing, die Hafenstadt Tianjin und die umliegende Provinz Hebei sollen möglichst schnell zur Megametropole Jingjinji (der Name wurde aus den jeweiligen Namenskürzeln der beteiligten Regionen zusammengesetzt) zusammenwachsen. 130 Millionen Einwohner wird diese Megastadt zählen. Und im Grunde ist diese Vision gar keine mehr: Bereits heute gehen die Gebiete fast nahtlos ineinander über.

Chinas Megastädte

Rund 150 Millionenstädte hat China bereits. Wahrscheinlich. So ganz genau weiß es niemand, denn längst nicht alle Stadtbewohner sind an ihrem Wohnort registriert. Zwar soll das Haushaltsregistrierungssystem (siehe Seite 93) dafür sorgen, dass die Menschen an ihrem genehmigten Wohnort bleiben, doch de facto ist dieses System längst obsolet. Rund 270 Millionen Wanderarbeiter leben und arbeiten außerhalb ihres Gebietes ohne in irgendeiner Form gemeldet zu sein. Nicht zuletzt denkt man in China in anderen Größenordnungen: Eine Million Einwohner? Solche »Kleinstädte« werden im Reich der Mitte unter ferner liefen aufgelistet. Bereits in der Tang-Dynastie (618–907) lebten in der damaligen Hauptstadt und Endstation der Seidenstraße Chang'an, dem heutige Xi'an, mehr als eine Million Einwohner.

Chongqing – die größte Stadt der Welt?

Noch vor zehn Jahren kannte niemand im Westen die obskure Großstadt im Südwesten Chinas, dann ging die Mär der größten Stadt der Welt um den Globus, und Chongqing wurde berühmt. In der Tat hat die Megastadt am oberen Ende des Mittellaufs des Yangzi rund 31 Millionen Einwohner. Statistisch gesehen. Das Wunder der Megastadt kam so: Bis 1997 war Chongqing Teil der Provinz Sichuan. Dann wurde das Gebiet mit einem großzügig bemessenen Umland abgetrennt und zur regierungsunmittelbaren Stadt Chongqing ernannt. Damit hat sie nun den gleichen Status wie Beijing, Shanghai und Tianjin. Das ist eine echte Adelung und gleichzeitig auch ein wirtschaftlicher Booster. Chongqing soll quasi als Zugpferd die gesamte Region mitziehen. Rund um das eigentliche Stadtgebiet liegt seither eine Fläche von der Größe Österreichs, die rein theoretisch dazu zählt, de facto aber eher das Attribut »wo sich Fuchs und Hase gute Nacht sagen« verdient. Die eigentliche Stadt ist mit rund 6,7 Millionen Einwohnern immer noch ganz ordentlich (und übrigens genauso hässlich, wie man sich eine Stadt vorstellt, die innerhalb von wenigen Jahren von einer Großstadt zur Megametropole anwuchs), nimmt man die Randgebiete großzügig dazu, kommt sie sogar auf 9,7 Millionen Einwohner. Menschen aus Shanghai, Guangzhou oder Beijing lässt diese Zahl aber noch immer unbeeindruckt.

Ist da jemand?

Nirgendwo sonst auf der Welt gibt es so viele Geisterstädte wie in China. Dahinter steckt allerdings keine lange Geschichte: Die meisten von ihnen waren noch nie bewohnt! Seit den 1980ern bemüht sich China einerseits um die Urbanisierung des Landes, andererseits landesweit um eine gleichmäßigere Entwicklung, um die gewaltigen Unterschiede in Sachen Lebensqualität zu verringern. All dies wird natürlich nicht dem Zufall überlassen. Um die Menschen in die bevölkerungsarmen Gegenden zu locken, wurden und werden etliche neue Städte aus dem Boden gestampft. In Sachen Lebenskomfort sind sie allesamt gut aufgestellt. Theoretisch, denn de facto fehlt es an Bewohnern, was die Attraktivität dieser Städte enorm senkt. Dort wohnen, wo noch keiner ist? Das ist für viele Chinesen einfach nicht interessant. Logisch ist auch: Die neuen Städte werden oft da gebaut, wo noch Platz ist, also nicht unbedingt im Küstengürtel, sondern in der Inneren Mongolei oder an anderen Orten im Landesinneren. Die bekanntesten Geisterstädte sind Ordos (Kangbashi) in der Inneren Mongolei, Chenggong in Yunnan, Changzhou in Jiangsu und Yujiangpu in Tianjin. Allerdings ist es durchaus möglich, dass die eine oder andere von ihnen doch noch ein paar Bewohner anlocken kann.

Hallstadt liegt in China – ehrlich!

Hier und da reibt sich manch ein Besucher in China die Augen: Eiffelturm, venezianische Kanäle und am Horizont das Chateau Lafitte in Originalgröße ... Das soll Asien sein? In der Tat sind Kopien europäischer Städte schon seit gut 15 Jahren schwer in Mode. Vor den Toren Shanghais liegen gleich eine ganze Reihe europäischer Vorstädte. Den Vogel schoss allerdings die Provinz Guangdong ab: Fast über Nacht entstand hier eine 1:1-Kopie des österreichischen Hallstadt. Im Original reagierte man verschnupft: Niemand in China hatte es für nötig befunden, die Hallstätter vorzuwarnen. Wer im Reich der Mitte westliches Flair sucht, kann diese Städte besuchen:

Florentia Village, Tianjin – Italien
Tianducheng, Shanghai – Paris
Hallstadt, Guangdong Provinz – Österreich
Interlaken Town, Guangdong Provinz – Schweiz
Thames Town, Shanghai – England
Anting German Town, Shanghai – Deutschland
Holland Town, Shanghai – Niederlande
Luodian New Town, Shanghai – Schweden
Breeza Citta di Pujiang, Shanghai – Italien
Spring Legend, Huairou Beijing – Bayern (Alpen-Stil)
Jackson Hole, Hebei Provinz – Wilder Westen

Eines haben die Kopien übrigens alle gemeinsam: Bei aller Liebe zum europäischen Lebensstil konnten sich die chinesischen Wohnungssuchenden bisher nicht dafür erwärmen, die Siedlungen stehen allesamt nahezu leer.

Wo liegt Little Africa?

Zwischen 20 000 und 200 000 Afrikaner leben im Bezirk Xiaobei in der Küstenstadt Guangzhou. Wie viele es wirklich sind, weiß niemand so genau: Die meisten von ihnen leben als Händler und verkaufen chinesische Waren in ihre Heimat. Immer auf der Suche nach guten Angeboten und den richtigen Käufern, sind sie mal in Guangzhou, mal in Afrika unterwegs. Ist der Deal noch nicht perfekt, ist das abgelaufene Visum eher Nebensache: Für viele steht mit jedem Geschäft erneut die Existenz auf dem Spiel.

Shanghai kippt

Die Stadt ist weder erdbebengefährdet noch von anderen Naturkatastrophen bedroht – und doch: Shanghais Wolkenkratzer stehen ziemlich instabil. Schuld daran ist die Bodenbeschaffenheit. Wo heute gigantische Hochhäuser in den Himmel ragen, plätscherte vor gar nicht allzu langer Zeit noch der Ozean. Shanghais Boden besteht aus sandigem Schwemmland, das erst in den letzten Jahrtausenden vom Yangzi abgelagert wurde. Logisch, dass solch ein lockerer Boden leicht nachgibt, vor allem, wenn man ihn mit einem Wolkenkratzer nach dem anderen belastet. Mittlerweile sinkt Pudong, das moderne Stadtviertel gegenüber dem Bund, jedes Jahr um ein bis drei Zentimeter. Regelmäßig pumpt die Stadtregierung Wasser unter die Stadt, um den Untergrund zu stabilisieren. Gebäude wie der Jinmao Tower oder das World Financial Center sind zwar tief im Boden verankert, ob sich die Bodensenkungen insgesamt auf Dauer aufhalten lassen, lässt sich jedoch nicht sicher sagen.

Chinas Rekord-Bauwerke

In China ist alles immer ein wenig größer, weiter, zahlreicher, was nicht zuletzt daran liegt, dass China nun mal das bevölkerungsreichste Land der Welt ist – und an der chinesischen Liebe zu Rekorden wie diesen hier:

- Der Beijinger Platz des Himmlischen Friedens *tiān'ān mén guāngcháng* 天安门广场, angelegt im Jahre 1651 und dann wiederholt vergrößert, ist der größte innerstädtische Platz der Welt.
- Der Große Buddha von Leshan *Lèshān dàfó* 乐山大佛 in der Provinz Sichuan hält seit gut 1200 Jahren mit 71 × 28 Metern den Rekord als größte Steinstatue der Welt.
- Die 36 Kilometer lange Hangzhou Bay Bridge *Hángzhōu wān dàqiáo* 杭州湾大桥 ist weltweit die längste Brücke übers Meer und verbindet Shanghai mit der Hafenstadt Ningbo. Sie liegt im Durchschnitt 62 Meter über dem Meeresspiegel, so dass auch mehrgeschossige Containerschiffe die Brücke

problemlos unterqueren können. Das Megaprojekt ist jedoch nicht nur aufgrund seiner Kosten von rund 1,4 Milliarden Euro aufsehenerregend: Der Tidenhub der Bucht gehört zu den stärksten der Welt, so dass starke Strömungen entstehen.

- Gilt eine Eisenbahnstrecke als Bauwerk? Falls ja, kann China auch hier mit einem Rekord aufwarten. Die fast 2000 Kilometer lange Trasse der höchstgelegenen Eisenbahn der Welt führt von Xining in der Provinz Qinghai nach Lhasa und rühmt sich gleich dreier Rekorde: Sie ist nicht nur die am höchsten gelegene Eisenbahnstrecke, sondern verfügt mit Tanggula auf 5068 Metern auch über den höchstgelegenen Bahnhof und den höchstgelegenen Tunnel der Welt.
- Die höchste Brücke der Welt steht in der Provinz Hubei. Hier überquert die Siduhe-Brücke das Tal des gleichnamigen Flusses 472 Meter über dem Flussbett.
- Der gläserne Skywalk am Tianmen-Berg ist nicht nur der derzeit höchstgelegene der Welt, sondern auch ein Highlight für alle mit Höhenangst: Er klammert sich auf 1430 Metern an den Abgrund und bietet auf einer Länge von über 60 Metern den ungehinderten Blick in 1200 Meter Tiefe. Um ihn zu betreten, muss man allerdings weiche Überschuhe anziehen – nicht, dass der Glasboden am Ende verkratzt!

- Zugegeben, der größte Flughafen der Welt ist noch nicht fertiggestellt. 2017 soll der neue Beijinger Flughafen rund 50 Kilometer südwestlich der Hauptstadt eröffnet werden und dann alles Dagewesene in den Schatten stellen.

Wo steht die große Unterhose?

Keine Frage, der CCTV Tower Beijing fällt schon auf den ersten Blick auf: Seine zwei schlanken Türme sind jeweils oben und unten mit zwei rechtwinkligen Ecken verbunden. Das Konstrukt des Architekten Rem Kohlhaas ist eine statische Meisterleistung, scheint es doch jederzeit kurz vor dem Umkippen zu sein. Ob das Gebäude nun zwingend schön ist, ist eine andere Frage. Im Beijinger Volksmund ist der CCTV Tower jedenfalls als »große Unterhose« *dà kùchă* 大裤衩 bekannt. Über den Spitznamen waren die Stadtbehörden wenig erfreut und ließen kurz nach Bauende per Wettbewerb nach einem neuen Spitznamen suchen. Der neue Name schien erst einmal eine sichere Bank zu sein: »Fenster des Wissens« *zhìchuāng* 智窗 sollte der Turm nun heißen. Allerdings währte die Freude nicht lange, denn schnell ersetzten die Beijinger die Zeichen durch den gleichlautenden Begriff *zhìchuāng* (allerdings in anderer Schreibweise 痔疮), was schlicht Hämorrhoiden bedeutet. Aus einer bestimmten Perspektive betrachtet und im Zusammenspiel mit den umliegenden Wolkenkratzern soll der Turm sogar an Genitalien erinnern. Der Architekt widerspricht natürlich vehement, was die Beijinger nur umso mehr in ihren Vermutungen anfeuert.

Das spektakulärste Feuerwerk Chinas

Einige unvorsichtige Zündler des staatlichen Senders CCTV wollten es zu Silvester 2009 am TVCC-Hotelturm neben dem neuen CCTV Tower besonders eindrucksvoll knallen lassen. Um den nahezu fertigen Neubau gebührend in Szene zu setzen, installierten sie am Turm wahrscheinlich eine ganze Reihe von illegalen Feuerwerkskörpern. Ganz genau lässt sich die Ursache allerdings nicht mehr nachvollziehen, da sich hinterher logischerweise niemand dazu bekennen wollte. Als dabei das gesamte Gebäude in Brand geriet, schaffte es der Bau sogar in die internationalen Nachrichten. Ein Ziel hatten die Macher allemal erreicht: Der Turm war, dank der meterhohen Flammen, in der gesamten Beijinger Innenstadt gut zu sehen. Löschen ließ sich der Brand nur sehr schwer, denn die Feuerwehrleitern reichten nur bis zum 12. Stock.

Lass krachen!

Liuyang in der chinesischen Provinz Hunan ist Chinas explosivste Stadt. Hier werden in rund 1300 Werkstätten und Fabriken zwei Drittel aller Feuerwerkskörper weltweit hergestellt. Schon vor rund 1400 Jahren soll der Mönch Li Tian in Liuyang mit Schießpulver gezündelt und dabei Feuerwerkskörper erfunden haben. Dass gerade in dieser Gegend besonders viele Feuerwerkswaren hergestellt werden, hat auch geographische Gründe: Die Region ist bergig und besonders zerklüftet. In den engen Spalten lassen sich die Fabrikationsstätten gut voneinander abtrennen. Sprengt sich einer der Pyrotechniker versehentlich in die Luft, bleiben zumindest die anderen verschont.

Das grüne China

Die erste Assoziation mit China? Den meisten Menschen dürfte eine Menschenmenge in den Sinn kommen. Oder ein Markt, eine Industrieanlage, im besten Falle ein Reisfeld. Mit unberührten Landschaften verbindet man China eher nicht. Gibt es das überhaupt in China? Bei allem Städtebau, aller Überbevölkerung und allem Modernisierungswahn: Gerade mal 11 Prozent der Fläche Chinas sind landwirtschaftlich nutzbar. Oder anders gesagt: Rund ein Fünftel des Landes liegt in Höhen von über 5000 Metern, fast zwei Drittel der Gesamtfläche liegen höher als 1000 Meter und nur 16 Prozent des Landes liegen tiefer als 500 Meter. Viel kaum besiedelbares Terrain also. China verfügt über sehr wenige Ackerflächen, sie machen rund 7 Prozent der agrarischen Nutzfläche der Erde aus, gleichzeitig müssen aber 20 Prozent der Weltbevölkerung damit ernährt werden. Kein Wunder, dass da nicht nur Platz für viele Städte ist, sondern auch für großartige und manchmal geradezu unberührte Natur. Vor allem der Süden Chinas, mit seinen vielen Gebirgszügen, Gewässern und subtropischen Temperaturen verfügt noch immer über wilde Wälder und raue Gebirgslandschaften, in die sich kaum ein Mensch verirrt. Rund 15 Prozent der Landesfläche stehen unter Naturschutz, insgesamt sind es heute mehr als 2500 Naturschutzgebiete – und damit mehr als doppelt so viele wie im Jahr 2000. 15 von ihnen gehören zudem zum UNESCO-Weltnaturerbe (Stand 2016).

Mehr Holz vor der Hütte

Holz ist seit Hunderten von Jahren in China eine knappe Ressource: Bereits zur Zeit der Han-Dynastie (221 v. Chr. – 200 n. Chr.) waren die Wälder der nordchinesischen Ebene nahezu verschwunden – oder besser gesagt, man hatte sie verheizt und verbaut. 1949 waren nur noch 8 Prozent der Gesamtfläche Chinas bewaldet. In Sachen Aufforstung ist in den letzten vierzig Jahren jedoch viel geschehen: Die landwirtschaftliche Nutzung von Hängen mit mehr als 30° Steigung und die Rodung von Wäldern wurden verboten. Gleichzeitig wurden gigantische Aufforstungsprogramme ins Leben gerufen. Vor allem die »grüne Mauer«, ein Schutzwaldgürtel im Norden des Landes, der die Ausbreitung der Wüste stoppen soll, gehört zu den erfolgreichen Projekten. Nach eigenen Angaben steigt die Waldfläche Chinas derzeit jährlich um 2,8 Millionen Hektar.

Viele der stillgelegten landwirtschaftlichen Flächen sind heute von Gras- und Strauchvegetation bedeckt, dürften sich aber langfristig in Mischwälder verwandeln. Kein anderes Land der Welt hat in so kurzer Zeit so viel Wald neu angelegt. Heute sind fast 17 Prozent des Landes wieder bewaldet.

Interessanterweise sind alle Chinesen zwischen 11 und 60 Jahren seit 1981 verpflichtet, pro Jahr drei bis fünf Bäume anzupflanzen. Dass dieses Gesetz heute ziemlich unbekannt ist, mag daran liegen, dass sich nur wenige daran halten. Schuld ist die gesellschaftliche Umstrukturierung der letzten Jahrzehnte. Als das Gesetz beschlossen wurde, lag die Kontrolle über die Durchführung bei den Danwei-Arbeitseinheiten, in denen die Chinesen einst organisiert waren und die es heute kaum mehr gibt. Zudem gibt es häufig gar nicht mehr allzu viele bepflanzbare Freiflächen in Reichweite der Städte, so dass sich auch gesetzestreue Bürger aus rein praktischen Gründen schwertun, das Baumpflanz-Gesetz zu befolgen.

Wildlife China

Auf der Liste der Länder mit den meisten Vogelarten steht China immerhin auf Platz acht, geht es um die Artenvielfalt aller Tiere und Gefäßpflanzen sogar an dritter Stelle, gleich nach Brasilien und Kolumbien.

Panda & Co

Ihr großes Glück ist es, dass sie so herzallerliebst goldig aussehen. Denn eigentlich tun Pandas *xióngmāo* 熊猫 wenig Spannendes: viel fressen, schlafen, fressen … das Pandaleben ist ziemlich geruhsam, aber leider auf einen großzügigen Lebensraum ausgelegt, mit ausgedehnten Bambuswäldern, wie es sie in China immer seltener gibt. Auch in Sachen Erotik lassen es die plüschigen Bären eher langsam angehen, was sie direkt dem Aussterben in die Arme treibt. Derzeit leben etwas mehr als 1850 große Pandas in Freiheit in den Provinzen Sichuan, Shaanxi und Gansu. Das sind immerhin 17 Prozent mehr als zu Beginn des Jahrhunderts. Diese Zahl könnte jedoch auch dadurch zustande kommen, dass die Zählmethoden immer ausgefeilter werden. Die Wahrscheinlichkeit, einem Panda in Freiheit zu begegnen, liegt übrigens nahezu bei null. Ähnlich steht es um Tiger in China – denen möchte man allerdings auch nicht unbedingt in der Natur begegnen. Weitaus schlechter steht es um den Yangzi-Delphin *báijìtún* 白鱀豚 – wenn es ihn denn überhaupt noch gibt. Die letzten Exemplare wurden Ende der 1990er gesichtet. Der Schiffsverkehr auf dem Yangzi, die Wasserverschmutzung und der Bau des Dreischluchtendamms dürften ihm den Rest gegeben haben.

Umweltprobleme

Verseuchte Flüsse, belastetes Ackerland, dreckige Luft: Chinas Umweltprobleme sind vielfältig und sehr ernst. Nach Angaben der Regierung sind rund 60 Prozent des Grundwassers nicht trinkbar und fast 16 Prozent aller Äcker hochgradig verseucht. Die Bilder vom Beijinger Smog schaffen es mittlerweile auch in die europäischen Abendnachrichten.

Was kostet die Umweltverschmutzung?

Die Schätzungen dazu gehen weit auseinander und reichen von 8 bis 13 Prozent des Bruttosozialprodukts Chinas. Wie hoch die genaue Zahl ist, ist im Grunde nebensächlich. Wichtiger ist: Solange China das permanente Wirtschaftswachstum braucht, bleibt der Umweltschutz auf der Strecke.

Wie schlecht ist die Luft wirklich?

Logisch, dass es bei dieser Frage große regionale Unterschiede gibt. Aber auch die aktuelle Wetterlage, also beispielsweise Windrichtung, Luftdruck und Luftfeuchtigkeit, sowie viele andere Faktoren spielen eine Rolle. Selbst in Beijing, das für seine schlechte Luft berühmt-berüchtigt ist, gibt es Tage mit blauem Himmel – aber eben auch jene Smogtage, in denen der Dreck in der Luft greifbar scheint und jeder Atemzug die Bronchien zum Rasseln bringt. Interessant ist allerdings: In der Liste der Weltgesundheitsorganisation aus dem Jahr 2015 der 20 Städte mit der höchsten Luftverschmutzung taucht keine chinesische Stadt auf: Nahezu alle Spitzenreiter liegen in Indien. Vielleicht tröstet das die Bewohner von Beijing, wenn das nächste Mal die Sonne hinter dem Smog verschwindet.

Die aktuellen Luftwerte der wichtigsten Städte findet man übrigens unter http://aqicn.org/map/china, wer lieber per Smartphone nachschaut, findet unter den Stichworten »Air Quality China« gleich eine ganze Reihe von Apps.

Die Städte mit der dreckigsten Luft

Laut der staatlichen Zeitung »China Daily« sind dies die Städte mit der höchsten Luftverschmutzung:

1. Baoding, Provinz Hebei
2. Xingtai, Provinz Hebei
3. Shijiazhuang, Provinz Hebei
4. Tangshan, Provinz Hebei
5. Handan, Provinz Hebei
6. Hengshui, Provinz Hebei
7. Jinan, Provinz Shandong
8. Langfang, Provinz Hebei
9. Zhengzhou, Provinz Henan
10. Tianjin, regierungsunmittelbare Stadt

Natürlich hängt die Wertung davon ab, welchen Luftverschmutzungswert man wie gewichtet: PM 2,5 Feinstaub, Ozon, Schwefeldioxid … Die Auswahl ist groß. Mit Sicherheit kann man aber davon ausgehen, dass die Provinz Hebei kein Luftkurort ist.

Die Großstädte mit der besten Luftqualität

1. Haikou, Provinz Hainan
2. Zhoushan, Provinz Zhejiang
3. Lhasa, Autonome Region Tibet
4. Shenzhen, Provinz Guangdong
5. Zhuhai, Provinz Guangdong
6. Huizhou, Provinz Guangdong
7. Fuzhou, Provinz Fujian
8. Xiamen, Provinz Fujian
9. Kunming, Provinz Yunnan
10. Zhongshan, Provinz Guangdong

Wer genau hinschaut, entdeckt auf dieser Liste gleich mehrere Überraschungen: Shenzhen? Zhuhai? Beide Wirtschaftssonderzonen gehören zum Industriegürtel des Perlflussdeltas und sind Beweis dafür, was moderne Technik in Kombination mit einer frischen Meeresbrise bewirken kann.

Hat China wirklich keine Umweltgesetze?

China hat, und das nicht zu knapp. Geht es nach der rein theoretischen Gesetzeslage, ist China sogar sehr grün aufgestellt. Erst Anfang 2015 wurden die Umweltgesetze erheblich verschärft, immer wieder werden zudem nationale (und durchaus ernst gemeinte)

Umweltschutzprogramme ins Leben gerufen. Problematisch ist und bleibt: Nur wenige halten sich daran, aus vielerlei Gründen. Umweltschutz ist teuer, die Kontrollen sind eher lasch, und mit dem passenden Geldkuvert lassen sich allerhand Vorschriften umgehen. Nicht zuletzt ist vielen Lokalbehörden das Wirtschaftswachstum wichtiger als die Einhaltung der Umweltbestimmungen.

Warum fahren so viele Chinesen Elektroautos?

In Beijing sieht man sie allerorts auf den Straßen. Die Betonung liegt auf »sieht«, denn hören kann man die Elektroautos in der allgemeinen Kakophonie der Großstadt kaum – und weil sie so unglaublich leise sind, kommt es immer wieder zu haarscharfen Begegnungen mit ausländischen Besuchern, die nach der Maxime »Wo kein Geräusch, da kein Auto« dappig auf die Straße springen – direkt vor das Elektrogefährt. Dass die Beijinger sich so oft für Elektroautos entscheiden, hat einen einfachen Grund: Um die Luftverschmutzung in den Griff zu bekommen, sind in den Großstädten die Zulassungen für Autos begrenzt. Für Beijing sind beispielsweise jährlich 150 000 Neuzulassungen vorgesehen, davon 60 000 für Fahrzeuge, die mit neuen Energien betrieben werden. Auf eine Benziner-Zulassung kommen derzeit 665 Bewerber, während das Elektro-Kontingent erst zu einem Fünftel ausgeschöpft ist. Auch die Fahrverbote bei Smogalarm gelten für sie nicht. Nicht zuletzt entfällt beim Kauf eines E-Autos die Mehrwertsteuer, und die Anschaffung wird, je nach Wohnort, mit bis zu umgerechnet 11 000 Euro unterstützt. Ob die Elektroautos allerdings wirklich umweltfreundlich sind, darüber wird auch in China gestritten. Der Strom für die leisen Wagen kommt meist immer noch aus pestilenten Kohlekraftwerken.

Unterwegs in China – China unterwegs

Reisen wie ein Rockstar

»Chinesen sind zurückhaltend«, lautet ein gängiges Vorurteil. Und der, der es auf den Weg gebracht hat, war ganz sicher noch nie in China. Spätestens beim ersten Besuch eines chinesischen Dorfes muss man sich von dieser Idee verabschieden. Vor allem dort, wo ausländische Besucher eher selten aufschlagen, verursachen die Langnasen noch immer einen Menschenauflauf. Westliche Besucher lernen dort schnell den Ausruf »Laowai!« erkennen: Oha, ein Ausländer! Für Shanghai und Beijing gilt das natürlich nicht mehr.

Sofern man über die grundlegenden Sprachkenntnisse verfügt, ergibt sich hier und da auch eine kurze Konversation – allerdings mit den immer gleichen Fragen:

– Woher kommen Sie?
Nǐ shì cóng nǎlǐ lái de 你是从哪里来的?
– Sind Sie verheiratet?
Nǐ jiéhūnle ma 你结婚了吗?
– Warum nicht?
Nǐ wèishénme méi jiéhūn 你为什么没结婚?

– Haben Sie Kinder?
Yǒu méiyǒu háizi 有没有孩子?
– Warum nicht?
Wèishénme méiyǒu háizi 为什们没有孩子?
– Was verdient man in Deutschland?
Nǐ měigè yuè zhuàn duōshǎo qián 你每个月赚多少钱?
– Sie sprechen aber gut Chinesisch (ein sicheres Indiz, dass Ihr Chinesisch ziemlich schlecht ist!)
Nǐ de Zhōngwén fēicháng hǎo 你的中文非常好
– Gefällt Ihnen China?
Zhōngguó hǎo bu hǎo? 中国好不好?

Eine Milliarde Mitreisende

Egal ob zu Chinesisch-Neujahr oder zur Golden Week: Es gibt viele gute Gründe nicht zu verreisen, wenn es 1,4 Milliarden andere tun. Dies sind die wichtigsten Reisetermine Chinas:

- Golden Week *huángjīn zhōu* 黄金周 um den Nationalfeiertag am 1. Oktober. Im Jahr 2000 wurde diese Ferienperiode offiziell eingeführt, um den Inlandskonsum zu fördern. Erfolgreich, denn mittlerweile macht sich das halbe Land auf den Weg, die eigenen Sehenswürdigkeiten zu entdecken oder eine Stippvisite in die Nachbarländer zu unternehmen.

- Die Woche um den 1. Mai: Hier kommen, je nachdem, auf welchen Tag der Feiertag fällt, zwar nicht so viele Ferientage aufeinander, für eine Bustour reicht es aber allemal.
- Das chinesische Neujahrsfest Chunjie 春节, auch als Frühlingsfest bekannt, das rund um den ersten Januar des Mondkalenders stattfindet – und im Folgenden unbedingt einen eigenen Eintrag braucht:

Tabu-Saison Chunjie

»Frühlingsfest«, das klingt nach lauen Lüftchen, ersten Blüten, fröhlichen Menschen und Partystimmung. In der Tat ist das Frühlingsfest alias Chinesisches Neujahr oder Chunjie das wichtigste Fest des chinesischen Jahres, quasi Weihnachten, Ostern und Geburtstag in einem. Vor allem aber begeht man das Frühlingsfest traditionell im Kreise seiner Lieben – auch wenn sie 2000 Kilometer weit weg wohnen. Wanderarbeiter, Studenten, eigentlich alle machen sich zu dieser Zeit auf den Weg nach Hause. 2015 waren das 800 Millionen Reisende – eine regelrechte Völkerwanderung! Mit im Gepäck: Jede Menge Geschenke, die jedes Verkehrsmittel hoffnungslos verstopfen. Ticket-Schwarzmarkthändler machen zu dieser Jahreszeit das Geschäft ihres Lebens, logischerweise sind Zugtickets, Flugtickets, Hotelzimmer, ja, eigentlich alles, was in der Touristik eine Rolle spielt, zum Frühlingsfest rundum ausgebucht. Zwei Wochen dauert die Feierperiode, die mit dem Laternenfest endet.

Kommt noch schlechtes Wetter dazu – was im Januar / Februar keine Seltenheit ist –, dann wird im Handumdrehen ein dickes Verkehrschaos daraus.

Laut dem chinesischen Ministerium für Transportwesen fanden 2015 in den sechs Wochen rund um das Fest 2,8 Milliarden Reisen statt. Das ist statistisch eine Hin- und Rückfahrt für jeden Chinesen.

Wer zu den Glücklichen zählt, die ein Ticket ergattern konnten, sollte mit großen Menschenmengen umgehen können. Zum Beispiel mit 500 000 wartenden Menschen vor dem Bahnhof Shanghai. Genau: eine halbe Million. Damit erklärt sich auch, wieso Bahnhöfe in China immer einen riesigen Vorplatz haben. Und natürlich, warum die Passagiere erst den Bahnsteig betreten dürfen, wenn der Zug schon eingefahren ist. Übrigens: Weil es sich nach dem Mondkalender richtet, findet das Frühlingsfest jedes Jahr an einem anderen Termin zwischen Januar und März statt. Nachschauen lohnt sich!

Anders sieht es zu Silvester aus: Vor allem im bitterkalten Norden gehört der Januar garantiert nicht zur Hochsaison. Großes Feuerwerk sollte der Reisende nicht erwarten. Das findet erst zum Frühlingsfest statt, dann jedoch mit überwältigender Sprengkraft.

Da, wo alle hinfahren

Tausende Seiten füllen die deutschsprachigen Reiseveranstalter jedes Jahr mit China-Reisen. Mit Interesse und Fernweh blättern Deutsche, Österreicher und Schweizer darin herum, wägen ab und kalkulieren – um sich am Ende alle für dieselbe Tour zu entscheiden: Beijing – Xi'an (diese Etappe gerne auch per Nachtzug) – Shanghai – Guilin – Hongkong. Zumindest beim ersten Mal ist er stärker als wir alle, dieser Drang, genau diese Orte zu bereisen. Einzig erlaubte Abweichung bei einer mindestens zweiwöchigen Reise: Anstelle von Guilin und seiner Kegelkarst-Landschaft darf es auch die Yangzi-Bootsfahrt von Chongqing nach Wuhan durch die Drei Schluchten sein. Kurzreisende entkommen dem Sog der klassischen Tour durch eine Städtereise nach Beijing oder Shanghai. Erst bei der zweiten Reise wird es diverser: Der Druck ist weg, die Klassiker sind abgefrühstückt, nun darf es etwas Ausgefalleneres sein. Warum das so ist? Wahrscheinlich gehen hier Tourismus-Marketing und Gruppenzwang Hand in Hand. Abertausende von Deutschen haben die Klassiker-Tour hinter sich und propagieren sie fortan als die einzig wahre (»In China gewesen und NICHT die Tonarmee gesehen? Da fehlt doch was!«), und das chinesische Tourismusministerium hat auch nichts dagegen, wenn die ausländischen Besucher vorhersehbar bleiben, sofern sie nur rund übers Jahr verteilt anreisen und gerne wiederkommen.

Die Sache mit dem Trinkgeld

Mitteleuropäer verunsichert die Trinkgeldfrage zutiefst: Zu Hause ist es außer im Restaurant, beim Frisör und im Taxi einfach unüblich, und dort, wo es anfällt, sind 10 Prozent immer richtig. Aber in China?

Eigentlich gibt es ein paar ganz einfache Regeln:

- Trinkgeld ist NUR und AUSSCHLIESSLICH in touristischen Orten üblich, also überall dort, wo viele Ausländer unterwegs sind, 10 Prozent sind dann richtig.
- An Orten, an denen hauptsächlich Chinesen unterwegs sind, kann es herablassend wirken, Trinkgeld zu geben.
- Im Taxi gibt man kein Trinkgeld, lediglich praktisches Aufrunden ist üblich, wenn dadurch das langwierige Kramen nach Rückgeld in kleinen Summen entfällt.

- Im Hotel freuen sich die Zimmermädchen bei der Abreise über ein Trinkgeld von 4–5 Yuan pro Tag.
- Reiseleiter und Busfahrer bekommen bei Gruppenreisen ebenfalls ein Trinkgeld von zirka 20–30 Yuan pro Tag und Mitreisenden.
- Kofferträger im Hotel bekommen 5 Yuan pro Koffer.
- Trinkgeld übergibt man bei größeren Summen (zum Beispiel das gesammelte Trinkgeld einer Gruppe für den Reiseleiter) in einem Umschlag. Im Restaurant lässt man es diskret mit der Rechnung liegen. Keinesfalls aber drückt man es der Bedienung gönnerhaft in die Hand.

Die traumatischste Reiseerfahrung: chinesische Toiletten

Wer viel unterwegs ist, der muss auch mal ... on the road natürlich. Und das ist in China gar nicht so einfach. Die gute Nachricht: Toiletten gibt es überall. Die schlechte: Man riecht sie oft schon von weitem.

Dass öffentliche Toiletten in Chinas Städten so zahlreich vorhanden sind, hat einen einfachen Grund: Bis in die 1990er gab es in den meisten Wohnungen kein stilles Örtchen. Dies ändert sich zwar mittlerweile – Neubauten sind selbstverständlich mit allen sanitären Anlagen ausgestattet – doch auch heute gibt es noch genügend alte Hofhäuser oder Plattenbauten der ersten Generation, deren Einwohner abends noch einmal im Schlafanzug zum letzten Klo-Gang antreten. In ihrer Bauweise sind diese Nachbarschaftstoiletten auf Masse ausgelegt: Möglichst viele Menschen sollten sich hier gleichzeitig erleichtern können. Gerade in älteren Wohnvierteln und in kleinen Städten trifft man daher noch auf die berühmte Rinne, über die quer einzelne Kabinen aufgebaut wurden. Olfaktorisch sind sie vor allem im Sommer eine unvergessliche Erfahrung. Ebenfalls beliebt ist die Variante, wie man sie aus Frankreich kennt: Im Boden eingelassene Aborte, auf denen dem Unkundigen gerne Kleingeld und Schlüssel in die Jauche klimpern. Sauber sind chinesische Toiletten meist nur in teuren Hotels und Restaurants, nicht aber in der Öffentlichkeit. Da wundert es nicht, dass man auf westlichen Schüsseln (auch die gibt es immer öfter) gerne mal Fußabdrücke findet, denn kein Mensch, der bei Sinnen ist, setzt sich in China mit blankem Hintern auf ein öffentliches Klo. Sogar Frauen mit Stöckelschuhen beherrschen diese Kunst in geradezu bewundernswertem Maße – oder sie erzählen einfach nicht von den Momenten, in denen es schiefgeht.

Dabei kann China auf eine überaus lange Toilettengeschichte zurückblicken: Archäologen entdeckten bei Ausgrabungen in der Provinz Henan in einem kaiserlichen Grab ein mehr als 2000 Jahre altes Klo mit Spülung. Auch viele Extras rund um die Toilette wurden im Fernen Osten erfunden: Im 6. Jahrhundert kam in China das Toilettenpapier auf (rund 1300 Jahre bevor es in den USA noch mal erfunden wurde), auch wenn sich nur die chinesische Oberschicht derartigen Luxus leisten konnte. Die Buchhaltungsunterlagen einer chinesischen Toilettenpapiermanufaktur des 14. Jahrhunderts belegen: Allein für den Kaiserhof wurden pro Jahr 720 000 Blätter Klopapier produziert.

Erster Reiseführer für Business-Traveller

Bereits im Jahr 1340 verfasste der Italiener Francesco Pegolotti einen Reiseführer für Geschäftsreisende auf der Seidenstraße, inklusive genauer Preisangaben für Lebensmittel, Karawanentier und Unterkünfte. Außerdem enthält das Buch Tipps, welche Waren sich wo besonders gut erstehen lassen. Englische Übersetzungen gibt es im Internet unter dem Titel »Pegolotti's Merchant Handbook«.

Chinesische Reisende in Zahlen

- 80 Prozent der Auslandsreisen der Chinesen sind Urlaubsreisen.

- Kein Tourismusmarkt der Welt wächst schneller als der chinesische.
- 2014 haben die Chinesen 105 Millionen Auslandsreisen unternommen. Diese Zahl beinhaltet jedoch auch 41 Millionen Tagesreisen nach Macau und Hongkong.
- Insgesamt fanden 64 Millionen Auslandsreisen mit Übernachtung statt. Zieht man die Reisen nach Macau und Hongkong ab, sind es noch 36,6 Millionen Auslandsreisen
- Bis 2020 soll die Zahl der Auslandsreisen laut Schätzungen von der World Tourism Organization auf 200 Millionen ansteigen.
- Durchschnittlich verbrachten die chinesischen Touristen im Jahr 2014 5,5 Nächte im Ausland.
- Beliebt sind vor allem die asiatischen Nachbarländer: 68 Prozent aller Reisen gehen ins asiatische Ausland, 18 Prozent nach Europa, 9 Prozent nach Australien / Ozeanien.
- Vier von fünf Chinesen suchen und buchen ihre Reise im Internet.
- Bei einem Drittel aller Reisen sind auch die Kinder dabei.
- Mehr als die Hälfte aller chinesischen Auslandsreisenden verdient mehr als 8000 Yuan im Monat (ca. 1150 Euro).
- Bisher besitzen erst 5 Prozent aller Chinesen einen Pass.

- 10 Prozent aller internationalen Touristen weltweit sind Chinesen.

Die beliebtesten Reiseziele der Chinesen

Erstaunlicherweise ist es gar nicht so einfach, eine Top-Ten-Liste der Lieblingsreiseziele chinesischer Touristen zu erstellen. Es kommt nämlich darauf an, ob man die Zahl der Reisen insgesamt, der reinen Urlaubsreisen oder die Übernachtungen zählt – und ob man dazu überhaupt zuverlässige Zahlen bekommt.

Sicher ist dennoch: Diese zehn Destinationen gehören zu den derzeitigen Lieblingen chinesischer Gruppenreisender:

- Japan
- Südkorea (vor allem Seoul)
- Thailand
- Taiwan
- USA
- Singapur
- Indonesien
- Malediven
- Italien
- Frankreich
- Großbritannien

Und natürlich gehören auch Hongkong und Macau dazu, die zwar politisch zur Volksrepublik gehören, als Sonderverwaltungszonen volksrepublikanischen Chinesen jedoch ein Visum abverlangen.

Wofür stehen die europäischen Länder in China?

Deutschland: Sauberkeit, Karl Marx, Messer, Technik, Wurstwaren

Frankreich: Mode, Parfüm, gute Küche (man geht aber trotzdem beim Chinesen essen), Rotwein, teure Spirituosen

Luxemburg: Nichts, ein Besuch bringt aber ein Land mehr für die persönliche Reisestatistik.

Belgien: Diamanten, auch gut für die Länderstatistik

Niederlande: Käse, Amsterdamer Schaufenster-Prostituierte

Italien: Ruinen, Handtaschen, Schuhe, Murano-Glas, irgendwie ein bisschen wie China

Schweiz: Berge, Uhren

Österreich: Berge, Swarovski-Kristall

Andorra: Auch gut für die Statistik – ein Land mehr, sprichwörtlich im Vorbeifahren!

Spanien: Wein, Stierkampf

Hey, Big Spender!

Keine Nationalität kauft unterwegs so üppig ein wie die Chinesen: Laut dem Finanzdienstleister Global Blue geben sie pro Einkauf in Deutschland durchschnittlich 815 Euro aus und liegen damit sogar noch weit vor den russischen und arabischen Touristen. Oder um es anders zu sagen: Fast ein Drittel aller Tax-Free-Ausgaben in Deutschland werden von Chinesen generiert.

Insgesamt gaben chinesische Touristen 2015 rund 200 Milliarden USD aus. Generell gilt: Je weiter entfernt das Reiseziel von der Heimat, desto lockerer sitzt das Portemonnaie auch während der Reise. Besonders Luxuswaren werden gerne genommen. Das kommt nicht von ungefähr: In der Heimat werden Luxusgüter mit bis zu 50 Prozent besteuert. Viele Chinesen schauen sich deshalb lieber in den Flagship-Stores der großen Marken in China um und schlagen im Ausland zu. Shopping spielt bei der Reiseplanung generell eine große Rolle. Chinesische Reisegruppen steuern selbstverständlich in jeder Stadt mindestens ein typisches Outlet oder einen weltbekannten Betrieb an. So muss in Venedig unbedingt ein Murano-Glas-Shop dabei sein, in Südfrankreich heißt es in Grasse bei einer Parfümmanufaktur haltmachen, in Solingen werden mit Leidenschaft Messer gekauft.

Die seltsamen Anfänge des Tourismus

Einfach mal so ins Ausland fahren, das ist ein relativ neues Vergnügen in China: Im chinesischen Kaiserreich der Qing-Dynastie war es bis 1893 den Untertanen sogar per Gesetz verboten, das Land zu verlassen. Aber auch als das Verbot längst aufgehoben war, zog es die meisten Chinesen nur aus purer Armut in die Ferne: Als Arbeiter auf den US-amerikanischen Eisenbahn-Baustellen oder den Kautschukplantagen Malaysias. Eine lange Abfolge von politisch schwierigen Zeiten sorgte zudem dafür, dass die Menschen andere Sorgen hatten, als ihre nächste Reise zu planen: Die Revolution von 1911, der Zweite Weltkrieg und schließlich der Bürgerkrieg zwischen Nationalisten und Kommunisten 1949 schlug die Tür zur Außenwelt zu. Erst mit der wirtschaftlichen Öffnung der 1980er Jahre kam erstmals Interesse an Auslandsreisen auf. Doch wie? Reine Urlaubsreisen wurden erst einmal kaum genehmigt. Gut, dass der Sozialismus eine Vorliebe für Delegationen hat! Mit einem Sakko (für das obligatorische Gruppenfoto vor irgendeiner bekannten Firmenzentrale) und ein, zwei offiziellen Einladungen europäischer Unternehmen bewaffnet, umgingen die ersten Gruppen alle Beschränkungen und machten sich im Namen des wirtschaftlichen Austauschs auf den Weg. Ab Mitte der 1990er entwickelte sich so ein reger Delegationstourismus, der meist zu großen Teilen aus Spaßprogramm bestand. Erst 1997 wurde der Privattourismus legalisiert, das Alibi-Foto entfiel fortan.

Zauberwort ADS

Für deutsche Eltern ist ADS eine Schreckensvokabel, im chinesischen Tourismus jedoch der Schlüssel zur Welt. Die Abkürzung ADS steht hier für »Approved Destination Status«, ein Abkommen der »China National Tourism Administration« (CNTA) mit den beliebtesten Urlaubsländern chinesischer Touristen. Chinesen, die im Rahmen des ADS eine Reise unternehmen möchten, müssen sich seither einer Gruppe von mindestens fünf Personen anschließen, inklusive eines chinesischen Begleiters, und die Pauschalreise bei einem der über tausend lizenzierten ADS-Veranstalter buchen, die sich um die Visa-Prozeduren kümmern. Für die Reisenden bedeutet dieses Vorgehen einerseits, dass sie sich nicht mehr um die Passformalitäten kümmern müssen, andererseits aber auch nicht einfach im Ausland bleiben können, denn das ADS-Visum kann im Ausland nicht verlängert werden. Auch der chinesische Staat kann sich so sicher sein, dass seine Schäfchen alle wieder heimfinden. Als erste europäische Destination unterzeichnete Deutschland 2002 das Abkommen und konnte so seine Position als Tor zu Europa stärken. Heute stehen bereits 146 Länder auf der ADS-Liste, und jedes Jahr kommen einige hinzu. Den chinesischen Reisenden dürften also in nächster Zeit kaum die Reiseziele ausgehen.

Was macht ein Hotel attraktiv?

Chinesische Reisende haben recht konkrete Vorstellungen, wie ein gutes Hotel aussieht und was es anbieten sollte. Lauschige kleine Herbergen sind meist nicht gewünscht, sondern lieber die große Klasse mit viel Bling-Bling und Chrom. Das sind die Kriterien:

- sehr große Lobby
- heißes Wasser auf dem Zimmer plus große Teeauswahl
- modernes Interieur
- mindestens 150 Zimmer
- ein riesiges Frühstücksbüfett
- am besten eine internationale Kette und kein Boutique-Hotel

Weniger ist mehr: »arm« reisen

Natürlich gibt es zu allen Reisetrends immer auch eine Gegenbewegung. Während viele Chinesen auf große Gruppen schwören und im Sauseschritt durch die Welt rauschen – »Heute ist Dienstag, dann muss das Luxemburg sein« –, gibt es immer öfter auch jüngere Chinesen, die das »arm reisen« qióng/ü 穷游 entdeckt haben. Gemeint ist damit weniger das echte Low-Budget-Reisen mit Jugendherberge und Dosenfutter, sondern vielmehr die individuelle Zusammenstellung der Reiseelemente ohne Reiseleiter. Im Grunde genommen also das, was man im Westen unter Individualtourismus versteht, mit allen Trends, die auch bei uns aktuell sind: von AirBnB bis zu öffentlichen Verkehrsmitteln, alles immer möglichst nah am Alltag des Reiselands.

China schrumpft

Jedes Jahr wird China ein wenig kleiner. Zumindest muss es dem Reisenden so erscheinen, denn China setzt bei der Entwicklung der Infrastruktur stark auf Hochgeschwindigkeitszüge. Gut 16 000 Kilometer Hochgeschwindigkeitsstrecken (HSR) zählte China Ende 2015, davon über 7000 Kilometer mit einer Reisegeschwindigkeit von mehr als 300 Stundenkilometern. Kein anderes Land der Welt hat so viele HSR-Strecken. Dabei ist die Entwicklung noch recht jung: 2008 wurde die erste High-Speed-Strecke von Beijing nach Tianjin eröffnet, kurz darauf folgte die Strecke von Kanton nach Wuhan. Ende 2011 wurde die Hochgeschwindigkeitstrasse Beijing – Shanghai in Betrieb genommen. Dank 380 km/h schrumpfte die einst zwölfstündige Zugfahrt auf eine etwas mehr als fünfstündige Reise. Wer will, kann seit 2012 sogar die gesamte Strecke von Nord- nach Südchina mit über 300 Stundenkilometern zurücklegen: Seitdem sind auch Beijing und Guangzhou per HSR verbunden. Diese Entwicklung ist noch lange nicht abgeschlossen. So wurde im Juli 2015 die Strecke Fuzhou (Provinz Fujian) – Hefei (Provinz Anhui) eröffnet, die die Fahrtzeit von 8,5 auf 4 Stunden verkürzte. Bis 2020 soll das Schienennetz auf 150 000 Kilometer wachsen und die Länge des HSR verdoppelt werden. Gleichzeitig wurden Chinas Flughäfen nicht nur modernisiert, sondern oft gleich komplett neu gebaut: Mehr als 200 gibt es derzeit, zahlreiche weitere, gerade in abgelegenen Gebieten, sind im Bau.

Vertikal mobil

China glänzt nicht nur mit schnellen Verkehrsmitteln in der Ebene, sondern auch in der Vertikalen.

Rund 3,6 Millionen Fahrstühle und Rolltreppen gibt es in China, davon rund 200 000 in Shanghai. Die Megametropole hält damit derzeit den Weltrekord.

Highway to Hell

Das eigene Auto mag für viele Chinesen noch in weiter Ferne liegen, zahlenmäßig ist China dennoch seit einigen Jahren der größte Automobilmarkt der Welt. Allein 2015 wurden 21,1 Millionen Autos verkauft, 7,3 Prozent mehr als im Vorjahr. Ähnliche Wachstumsraten sind auch für die nächsten Jahre zu erwarten. Für die Verkehrssicherheit ist das keine gute Aussicht, denn mit rund 260 000 Todesfällen im Straßenverkehr pro Jahr führt China die internationalen Statistiken an. Berechnet man die Verkehrstoten pro Einwohner, sieht es schon weniger dramatisch aus: Mit 20,5 Verkehrstoten je 100 000 Einwohner liegt China im Mittelfeld. Zum Vergleich: Deutschland hat rund 4,7 Verkehrstote pro 100 000 Einwohner. Tröstlich ist auch: Nur vier Prozent aller tödlichen Autounfälle in China werden durch Alkohol verursacht. Ein Großteil der restlichen 96 Prozent dürfte auf den Satz »wird schon gutgehen« zurückzuführen sein.

Basisdaten Verkehr

Höchstgeschwindigkeit: 120 km/h
Alkohollimit = 0 Promille
Anteil der Helmträger bei motorisierten Zweirädern: 20 Prozent
Anteil der Sicherheitsgurtträger bei Autofahrern: 37 Prozent
Anteil der Kinder, die in Kindersitzen transportiert werden: unter 1 Prozent

Was ist ein Doppelschlag?

Schon allein die Existenz des Wortes »Doppelschlag« *shuāngchóng dǎjí* 双重打击 ist furchterregend: Der Begriff bezeichnet den Vorgang, wenn ein Autofahrer nach einem Personenunfall noch mal zurücksetzt, um dem Opfer den Rest zu geben. Dies geschieht in China ziemlich häufig. Verlässliche Zahlen gibt es natürlich nicht – denn wer würde schon zugeben, einen Unfall in einen eiskalten Mord verwandelt zu haben? Doch immer wieder zeichnen Überwachungskameras solche »Doppelschläge« auf. Bleibt die Frage: Warum ist dieses Verbrechen gerade in China so verbreitet? Wird ein Mensch bei einem Unfall getötet, übernimmt in der Regel die Versicherung den Schadensersatz. Überlebt der Verletzte, muss der

Autofahrer nicht nur hohe Krankenhauskosten und Schmerzensgeld, sondern eventuell auch eine lebenslange Rente zahlen.

Nichts geht mehr

Chinas größter und längster Verkehrsstau war von wahrlich beeindruckendem Ausmaß: Als sich 2010 auf der Autobahn von Beijing nach Westen einige Unfälle ereigneten, brach der Verkehr völlig zusammen. Neun Tage lang mussten die Autofahrer ausharren. Für die Bauern rechts und links der Strecke übrigens eine einmalige Gelegenheit, sich mit Instantnudeln und Getränken eine goldene Nase zu verdienen. Und dies ist nur die spektakuläre Spitze eines wachsenden Problems. Egal ob in Beijing, Shanghai oder Guangzhou: Zur Rushhour geht oft stundenlang gar nichts mehr, kleinere Unfälle führen auf den Autobahnen oft zu stundenlangen Stopps. Findige Unternehmer haben daraus längst ein Geschäftsmodell entwickelt und bieten Stau-Rettung an: Zwei Helfer brausen per Motorrad zum Kunden. Während der eine den Wartenden zum Ziel bringt, übernimmt der andere den Stau-Wagen und wartet geduldig auf die Weiterfahrt.

Den praktischen Teil wird man als Besucher eher nicht in China ablegen. Aber wie wäre es mit einem kleinen Multiple-Choice-Test auf Englisch? Unter www.chinadriver.org/exam/exam_en.php können Sie probeweise den Theorieteil ablegen.

Hier drei Beispielfragen zum Aufwärmen – Zyniker behaupten übrigens, dass die falschen Antworten ziemlich genau die Realität abbilden.

1. Es ist ein regnerischer Tag. Was soll ein Fahrer tun, wenn er auf einen Fußgänger trifft, der mit einem Schirm oder einer Regenjacke auf einer Bundesstraße (Highway) läuft?

a) Rechtzeitig hupen und die Geschwindigkeit reduzieren
b) Permanent hupen, um den Fußgänger zum Nachgeben zu bringen
c) Mit normaler Geschwindigkeit weiterfahren
d) Beschleunigen und überholen

2. Welche der folgenden Aussagen ist korrekt, wenn man mit einem motorisierten Fahrzeug auf der Autobahn fährt?

a) Man darf auf dem Standstreifen anhalten und Fracht be- und entladen.

b) Man darf nur im Notfall auf dem Standstreifen anhalten.
c) Man darf auf der Überholspur überholen und anhalten.
d) Man darf am Straßenrand anhalten, um Fahrgäste ein- und aussteigen zu lassen.

3. Wenn einem Fahrzeug auf der eigenen Spur ein anderes Fahrzeug aus der Gegenrichtung entgegenkommt, wie soll der Fahrer reagieren?
a) Mit der Lichthupe aufblenden, um den anderen zu warnen
b) In der Mitte der Straße weiterfahren
c) Den anderen zwingen, auf der rechten Seite vorbeizufahren
d) Freiwillig auf die andere Seite ausweichen

Das digitale China

Kein Volk der Welt hat die Möglichkeiten des Mobilfunks und des Internets so schnell und umfassend angenommen wie die Chinesen. Auch Senioren kaufen sich selbstverständlich das neueste Handy-Modell, twittern und diskutieren in aktuellen Blogs.

Wie viele Handys gibt es in China?

1,29 Milliarden Handynutzer gibt es in China (Stand 2015) Das entspricht einer Quote von 94,6 Prozent der Gesamtbevölkerung. Das bedeutet: Jeder, der in der Lage ist, ein Handy in der Hand zu halten, hat auch eines. Mehr als die Hälfte besitzt ein Smartphone – und es werden täglich mehr, denn das Handy ist Gebrauchsgegenstand und Statussymbol zugleich. Rund drei Stunden verbringen Smartphone-Besitzer täglich im Internet und davon wiederum mehr als die Hälfte in sozialen Netzwerken. Geht es nach dem Profit, ist China mittlerweile der größte Mobiltelefonmarkt weltweit. Doch warum eigentlich? Schließlich sind Handys im Vergleich zum Durchschnittseinkommen immer noch vergleichsweise teuer. Für viele Chinesen ist das Handy das Fenster zur Welt: Sie telefonieren damit nicht nur, sondern nutzen es auch ausgiebig, um im Internet zu surfen und selbst aktiv zu posten, denn ein eigener Computer ist für viele finanziell unerreichbar.

Handy-Verkäufer – ein gefährlicher Job

Zugegeben, normalerweise führen Handy-Verkäufer ein genauso aufregendes Leben wie, sagen wir, Fischverkäuferinnen, mit dem einzigen Unterschied, dass ihre Ware weniger riecht. Sobald Apple jedoch ein neues iPhone- oder iPad-Modell ankündigt, sieht die Sache ganz anders aus. So endete der Verkaufsstart des iPad 2 in Beijing 2011 mit einer Massenpanik im Apple Store Sanlitun und zahlreichen Verletzten: Rund tausend wartende Kunden waren in den Laden gestürmt. Als die Glastür daraufhin geschlossen wurde, brach sie unter dem Druck der Menschenmenge ein. Als 2012 der Verkaufsstart des neuen iPhone 4S anstand, versammelten sich vor dem Apple-Laden so viele Menschen, dass es die Angestellten mit der Angst zu tun bekamen und sich weigerten, die Türen zu öffnen. In Beijing und Shanghai wurde der Verkauf des neuen iPhone-Modells aus Sicherheitsgründen erst einmal abgeblasen. Bei der Menge der Wartenden, die teils über Nacht in der Januar-

Kälte ausgeharrt hatten, kam das weniger gut an. Letztlich mussten Polizeikräfte das Areal räumen.

Als sich der Verkauf des iPhone 6 2014 in China verzögerte, reisten Tausende Chinesen nach Japan, um sich dort möglichst früh das neue Modell zu verschaffen – und es gewinnbringend in der Heimat zu verkaufen.

Ich bin mein Handy, mein Handy ist ich

Wer in China eine Reise bucht, und sei es nur eine Tages-Bustour, braucht vor allem eines: ein Handy. Und dabei geht es nicht unbedingt um die Kommunikation mit dem Reisebüro – die lässt sich ja auch live erledigen –, sondern um die Identifikation während der Reise. Mit Namen hält sich der Reiseleiter zu Beginn der Tour gar nicht mehr auf, er rasselt bei der Anwesenheitskontrolle nur noch eine Reihe von Nummern herunter. Das erinnert nicht schlecht an einen Gefangenentransport, ruft in China jedoch keinerlei Murren hervor. Vielleicht lohnt es sich einfach nicht, jedes Mal die Namen zu notieren? Oder ist die Identifikation mit dem Handy so groß?

Bitte ausschalten

Die Handysucht erfasst in China nicht nur das gemeine Volk, sondern auch die Politik. Zur Plenarsitzung des Volkskongresses im März 2014 wurde erstmals offiziell die Handy-Nutzung während der Sitzungen untersagt – zu viele Abgeordnete hatten sich wohl die Zeit während der langweiligen Debatten mit Handy-Games, WeChat und Telefonaten vertrieben.

Handy weg, Freunde weg

Chinas jüngere Generation ist extrem mobil. Um den Überblick über die Bekannten zu behalten, ist das Handyadressbuch essentiell. Vor allem für die Wanderarbeiter, die weit weg von zu Hause arbeiten und oft den Arbeitsplatz wechseln, ist das Handy die einzige Konstante im Leben.

Internet in Zahlen (Stand Ende 2015)

- Ende 2015 gab es nach Angaben des CNNIC rund 750 Millionen Internetnutzer in China. Wenn Sie dieses Buch in den Händen halten, sind es mit großer Wahrscheinlichkeit bereits einige mehr.

- Rund 90 Prozent der Surfer nutzen ein Smartphone, um ins Internet zu gehen.
- Weltweit steht China mit rund 17 Millionen Webseiten der Länderregistrierung CN an zweiter Stelle, gleich nach dem eher unbekannten Tokelau (.tk). Insgesamt sind rund 31 Millionen Domain-Namen in China registriert – rund 50 Prozent mehr als noch im Jahr 2014!
- 416 Millionen Menschen nutzen das Internet, um online zu bezahlen.
- Onlineshopping ist einer der ganz großen Wachstumsmärkte in China: 413 Millionen Menschen kaufen regelmäßig im Internet, pro Jahr werden es zirka 15 Prozent mehr.
- Die Verteilung der Internet-User ist regional sehr verschieden: Während in Beijing, Shanghai und Guangdong rund drei Viertel aller Menschen regelmäßig ins Internet gehen, sind es in den Provinzen Yunnan, Guizhou, Jiangxi, Hunan, Anhui, Henan und Gansu nicht einmal 40 Prozent.

Hat die Kommunistische Partei Chinas (KPCh) eine Webseite?

Erstaunlicherweise nein. Obwohl kein Land der Welt mehr Internet-User zählt als China, hält sich die Partei im Hintergrund. Was natürlich nicht heißt, dass sie auf die Kontrolle verzichtet. Teils haben mittlerweile einige Gremien und Kontrollorgane wie die Foreign Commission eine eigene Seite aufgebaut, die KPCh selbst jedoch ist im Internet nicht zu finden. Die passende Webseite cpc.cn wurde allerdings vorausschauend reserviert von der State Administration of Press, Publication, Radio, Film and Television of the People's Republic of China (SAPPRFT), also dem staatlichen Hauptamt für Film und Fernsehen. Der Nationale Volkskongress, die offizielle Regierung, ist allerdings auf der Seite www.npc.gov.cn zu finden. Wer den Präsidenten online besuchen will, geht auf http://english.gov.cn.

Wie funktioniert die Internet-Zensur?

Chinas Internet ist abgeschottet vom Rest der Welt. Theoretisch zumindest. Alle Verbindungen nach außen müssen eine sogenannte Firewall passieren, die ungewünschte Webseiten herausfiltert. So kann es passieren, dass westliche Medien für eine gewisse Zeit online nicht verfügbar sind, weil sie beispielsweise kritisch über China berichtet haben. Webseiten von Vereinigungen, die in China verboten sind, wie beispielsweise die Falungong-Sekte, sind generell nicht erreichbar. Per Firewall lassen sich also mehr oder minder effizient die Verbindungen zur Außenwelt kontrollieren. Doch wie sieht es innerhalb des Landes aus? Staatliche Zensoren der »Internetpolizei« durchforsten täglich das Internet und vor allem die sozialen Medien auf der Suche nach allzu offensichtlicher Parteikritik. Gleichzeitig funktioniert auch die Selbstzensur recht gut: Große Internetportale wissen ziemlich genau, wie weit sie gehen können, wenn sie nicht die Schließung riskieren wollen, und kontrollieren daher auch eigenständig ihre Inhalte recht genau.

Wann wird eine Seite blockiert?

Es gibt eine Liste von Schlagworten, die automatisch zur Blockade führen. Sie variiert ständig und wird permanent angepasst. Berichte über aktuelle Skandale beispielsweise sind recht schnell im Internet nicht mehr auffindbar. Aber auch Verballhornungen werden früher oder später auf den Index gesetzt. Hier und da sind es auch ganze Sätze, die im Internet ins Nichts führen, wie beispielsweise die Aussage »Chinas Internet ist offen« 中国的互联网是开放的 der Pressesprecherin des Außenministeriums während eines Interviews im Jahr 2010. Logisch, dass so eine vollmundige Aussage zu Diskussionen im Netz führte. Diese Schlagwort-Kontrolle findet übrigens nicht nur an der Firewall statt, sondern auch bei zahlreichen Portalen und Blog-Anbietern, die auf diesem Wege politische Probleme gar nicht erst entstehen lassen.

Wie kommt man trotzdem auf die zensierten Seiten?

Chinas Webgemeinde erweist sich immer wieder als erfinderisch: So werden kritische Begriffe hinter gleichlautenden, unverfänglichen Ausdrücken versteckt. Ein schönes Beispiel dafür ist das Gras-Schlamm-Pferd, das 2009 durchs Web geisterte. *Cǎo ní mǎ* 草泥马, also »Gras-Schlamm-Pferd«, ist ein ganz unverfänglicher Begriff – aber gleichlautend mit *cāo ni mā* 操你妈, der ziemlich ordinären Aufforderung »F*** deine Mutter«. In einem YouTube-Video tanzte und sang sich das Pferd durch einen Kampf mit der Fluss-Krabbe *héxiè* 河蟹, deren Name wieder gleichlautend mit *héxié* 和谐, also »Harmonie«, ist, einem Begriff, der oft als Begründung für die staatliche Zensur herhalten muss und auch als Verb verwendet werden kann: Eine »harmonisierte« Seite ist eine zensierte Webseite. Jeder wusste also, worum es ging, beweisen ließ es sich jedoch nicht. Nach dieser Methode werden oft politisch delikate Begriffe verklausuliert, so lange, bis auch sie auf der Zensurliste stehen. So taucht anstelle des Partei-Zentralkomitees *dǎng zhōngyāng* 党中央 das »Zentralkomitee des Hosenschritts«: *dāng zhōngyāng* 裆中央 auf, oder es werden Namen von Politikern mit gleichlautenden Zeichen umschrieben, die eine abfällige Bedeutung haben. Natürlich ist das ein Rennen, in dem es keinen wirklichen Sieger geben kann.

Andere Internet-Nutzer verlassen sich auf technische Methoden und umgehen die Firewall mit sogenannter Tunnelsoftware. Normalerweise benutzt man solche Programme, um Informationen besonders sicher zu übertragen – oder eben, um unbeobachtet Beschränkungen zu umgehen. Wie viele Menschen diese Software benutzen, weiß man natürlich nicht.

Gaben fürs Jenseits

Manchmal ist das Internet aber auch völlig unpolitisch und ziemlich praktisch. Zum Beispiel wenn es um die Ahnenverehrung geht.

Seinen kindlichen Pflichten nicht nachzukommen ist im chinesischen Kulturraum ein echtes Tabu, schließlich sind die Ahnen im Jenseits von den Zuwendungen aus dem Diesseits abhängig. Doch was, wenn der Sohn in Shanghai lebt, das Grab des Vaters aber, viele hundert Kilometer entfernt, irgendwo auf dem Lande liegt? Oder wenn es gar kein Grab mehr gibt, weil der Vorfahre eingeäschert wurde? Hier bietet das Internet seit rund zehn Jahren eine praktische

Lösung: Die digitale Ahnenverehrung *wǎngshàng jìzǔ* 网上祭祖. Im Grunde funktioniert sie wie das echte Vorbild: In virtuellen Ahnenhallen wie www.netor.com oder www.inter-cemetery.com, www.waheaven.com und www.wanfoyuan.com lassen sich individuelle Erinnerungsseiten anlegen, auf denen man gegen einen kleinen Obolus diverse Speisen und Objekte opfern kann. Oft listen die Anbieter die Ahnen in einer Art Hitliste auf, die auf den ersten Blick anzeigt, welche Toten besonders oft und besonders viele Gaben erhalten. Das spornt die Nachfahren an, auch am Ball zu bleiben! Der chinesische Staat sieht diese Entwicklung übrigens sehr wohlwollend, verursachen doch die Ströme von pflichtbewussten Nachfahren zum Totengedenkfest Qingming regelmäßig ein Verkehrschaos.

Die wichtigsten sozialen Netzwerke

Facebook ist gesperrt, YouTube und Twitter auch, und selbst Xing ist nicht immer erreichbar. Für die meisten Chinesen ist das jedoch irrelevant, die großen Player sind im Reich der Mitte sowieso ganz andere (Stand August 2015):

QQ (Instant Messaging): 840 Mio. Nutzer
Qzone (wie Facebook) QQ 空间: 660 Mio. Nutzer

WeChat (Instant Messaging) 微信: 600 Mio. Nutzer
Youku (wie YouTube) 优酷: 580 Mio. Nutzer
Renren (wie Facebook) 人人网: 250 Mio. Nutzer
Sina Weibo (wie Twitter) 新浪微博: 180 Mio. Nutzer

Wie man unschwer erkennen kann, sind viele Chinesen in mehreren sozialen Netzwerken gleichzeitig unterwegs. Kein Wunder, dass sie sich durchschnittlich drei Stunden täglich dem sozialen Austausch im Netz widmen!

Vom Nachahmer zum Vorreiter

Vor allem auf WeChat sollte man ein Auge haben: 2011 gründete Tencent die Messaging-App WeChat, quasi eine Kopie des in Europa und den USA beliebten WhatsApp. Heute, fünf Jahre später, hat WeChat den Konkurrenten in jeder Hinsicht überholt: Mit mehr als 600 Millionen Nutzern ist WeChat nicht nur im chinesischen Alltag fest verankert, es bietet auch weitaus mehr als eine normale Messaging-App: Über WeChat kann man Video-Konferenzen organisieren, an Sprachkursen teilnehmen, im Restaurant bezahlen, einkaufen, die Stromrechnung begleichen, Taxis rufen, Visa beantragen, Fahrkarten buchen, Strafzettel überweisen oder einen Arzttermin organisieren – um nur einige Features zu nennen. Quasi täglich erweitert WeChat sein Spektrum und wird mittlerweile von vielen Firmen genutzt. Gleichzeitig hat sich ein Markt von Service-Anbietern entwickelt, die Unternehmen helfen, sich optimal bei WeChat zu platzieren. Selbst zur Überwachung taugt die App, mit deren Funktion »People Nearby« man sich andere User in der Nähe anzeigen lassen kann. Sogar Kriminelle arbeiten gern mit WeChat – kompletter kann man einen Markt eigentlich nicht bespielen! Einfach ist WeChat auch: Es nutzt das Telefonbuch des Smartphones als Adressbuch, Kontakte müssen nicht erst mühsam zusammengesucht werden. Das ist in der Tat extrem praktisch. Die völlige Verflechtung der App mit dem Alltag bereitet Medizinern jedoch Sorge, verbringen doch gerade Jugendliche durch WeChat noch mehr Zeit mit dem Handy.

Die 50-Cent-Armee

Über die Zensur allein lässt sich das Internet nicht kontrollieren und die sozialen Medien schon gar nicht: Wenn mehr als 600 Millionen User posten und twittern, kann selbst die schnellste Internetpolizei nicht immer sofort zur Stelle sein. Die Regierung geht in China daher noch einen anderen Weg: Über bezahlte Beiträge versucht sie, aktiv in den Meinungsbildungsprozess einzugreifen. User, die parteifreundliche Texte posten, heißen auf Chinesisch die »50-Cent-Armee« oder »50-Cent-Partei« *wǔmáodǎng* 五毛党, da sie angeblich für jeden Beitrag 50 Cent beziehungsweise, so die wörtliche Übersetzung des Ausdrucks, fünf Mao erhalten. Natürlich geben sie sich nicht zu erkennen, so dass es nicht immer einfach ist, die Agitatoren als solche zu identifizieren. Wie viele es sind, ist ebenfalls nur schwer einzuschätzen. Fast könnte man die 50-Cent-Armee für einen Netz-Hype halten, gäbe es nicht hier und da parteiinterne Dokumente, die den Weg in die Öffentlichkeit finden, in denen Mitglieder dazu aufgefordert werden, sich parteifreundlich an den Social-Media-Diskussionen zu beteiligen.

Ganz unterdrücken will man die Diskussionen allerdings nicht: Hier und da wird gemunkelt, dass die Partei gelegentlich sogar selbst Gerüchte über politische Änderungen streut, um die öffentliche Reaktion zu testen. Wo sonst lässt sich dem Volk so gut und unerkannt aufs Maul schauen? Gleichzeitig erfassen sogenannte Internet-Meinungsanalysten der Partei ganz offiziell die aktuellen Strömungen, sehr zum Unmut der Internetnutzer.

Was ist eine Online-Menschenjagd?

Fragt man Menschen in China nach dem größten Problem Chinas, erhält man meist eine kurze Antwort: Die Korruption ist es, die den meisten sauer aufstößt. Bilder, auf denen Parteikader mit teuren Uhren, Schmuck und anderen Accessoires der gehobenen Preisklasse abgebildet sind, lassen im Netz schnell die Atmosphäre hochkochen. Rasch verwandeln sich die Online-Diskussionen in eine regelrechte Jagd. Ein landesweit bekanntes Beispiel für eine solche »Menschenfleischsuche« *rénròu sōusuō yǐnqíng* 人肉搜索引擎 ist der Provinzkader Yang Dacai. Er ließ sich 2012 an einem Unfallort ablichten, geschmückt mit einer teuren Uhr, die ganz offensichtlich jenseits seines finanziellen Spielraums lag. Das Bild wanderte durch Chatforen und Social-Media-Kanäle als Beweis für die Bestechlichkeit des Uhrenträgers. Der Skandal ließ sich nicht mehr verstecken, es folgte eine polizeiliche Untersuchung, und Yang wurde ein Jahr später zu 14 Jahren Haft verurteilt. Allerdings hat die Menschenfleischsuche nicht immer so hehre Ziele: Betrogene Ehepartner nutzen diese Methode genauso wie andere Menschen auf der Suche nach Rache. Für die Opfer ist nach einer solchen Hetzjagd in den sozialen Netzwerken ein normales Leben oft kaum mehr möglich.

Zum Shoppen ins Netz

Während man in Europa zwar auch gern online einkauft, dies aber nicht immer offen zugibt, geben sich die Chinesen ohne Scham und Grenzen dem Internet-Shopping hin. Hauptsache es ist günstig und gut. Empfehlungen von Freunden beziehungsweise den Kontakten in den sozialen Netzwerken spielen dabei eine große Rolle: Wer will schon auf Plagiate oder schlechte Qualität hereinfallen?

Die wichtigste Plattform ist Taobao 淘宝, eine Art ebay und Amazon in einem. Ein typisch chinesisches Phänomen ist der Gruppenkauf: User schließen sich online zusammen, um große Mengen zu kaufen, was sich wiederum im Preis bemerkbar macht. Meituan 美团网 und Dianping 大众点评 sind solche Gruppenkauf-Plattformen, fast 200 Millionen Menschen kaufen auf diesem Wege regelmäßig ein und entwickeln dabei fast schon sportlichen Ehrgeiz.

Die Zeit des Blätterns ist vorbei

Die chinesische Liebe zum Netz macht auch vor dem Lesen nicht halt: Zwar bezeichnen sich fast 80 Prozent aller Chinesen als regelmäßige Leser, doch nirgendwo sonst auf der Welt wird so viel online gelesen wie in China – und zwar per Handy: Ende 2015 lasen rund 300 Millionen Chinesen online (zum Vergleich: 2009 waren es noch rund 100 Millionen). Typisch für den Markt sind nicht unbedingt E-Books, sondern Online-Fortsetzungsromane auf den zahlreichen Lese-Plattformen wie beispielsweise Cloudary, wo die Autoren ihre Werke in der Cloud veröffentlichen. Nach einigen ersten Gratis-Seiten muss der Leser einen minimalen Betrag zahlen, um weiterzulesen.

Nicht zuletzt ist der Online-Buchmarkt weniger reguliert als der Printbereich, denn anders als bei gedruckten Büchern ist hier keine ISBN-Nummer erforderlich.

Was verdienen Online-Autoren?

Rund zwei Millionen Online-Autoren gibt es derzeit in China, von denen viele das Schreiben nur als Hobby betreiben. Doch weitaus öfter als in Europa gelingt es in China durchaus dem einen oder anderen Autor, damit ordentlich reich zu werden. Trotz aller Raubkopien und Hindernisse, der chinesische Markt ist gigantisch und bietet im Bereich Online-Literatur gute Gewinnchancen. So listet die »China Writers Rich List« der »West China Metropolis Daily and Great Star Media« die erfolgreichsten Autoren auf:

Name	Tantiemen im Jahr 2015	Genre
Jiang Nan	32 Millionen Yuan (4,3 Mio. Euro)	Romane, Fantasy
Leiou Huanxiang	20 Millionen Yuan (2,7 Mio. Euro)	Kinderbücher
Zheng Yuanjie	19 Millionen Yuan (2,6 Mio. Euro)	Kinderbücher
Yang Hongying	18,3 Millionen Yuan (2,5 Mio. Euro)	Kinderbücher
Da Bing	18 Millionen Yuan (2,5 Mio. Euro)	Romane
Nanpai Sanshu	15 Millionen Yuan (2 Mio. Euro)	Fantasy-Thriller
Zhang Jiajia	14 Millionen Yuan (1,9 Mio. Euro)	Romane

Name	**Tantiemen im Jahr 2015**	**Genre**
Jiang Shengnan	13,5 Millionen Yuan (1,8 Mio. Euro)	Historische Romane
Shen Shixi	12 Millionen Yuan (1,6 Mio. Euro)	Kinderbücher
Xuan Se	11 Millionen Yuan (1,5 Mio. Euro)	Jugend-Fantasy

Die chinesische Gesellschaft

Chinas großer Gegensatz

Seit jeher herrscht in China ein ausgeprägter Unterschied zwischen Stadt- und Landleben: Stadt und Dorf sind zwei extrem unterschiedliche Lebenswelten. Auch die Kommunisten änderten nach 1949 daran erst einmal wenig: Auch wenn viel für das Wohl der Bauern getan wurde – durch Landenteignungen und Umverteilungen, den Aufbau eines Gesundheitswesens und die Errichtung von Schulen wurde der Lebensstandard der Bauern erheblich verbessert –, blieb die Bevorzugung der Stadtbewohner bestehen. So mussten und müssen die Bewohner ländlicher Regionen beispielsweise die Verlegung von Strom- und Telefonleitungen sowie anderer infrastruktureller Verbesserungen oft zu großen Teilen selbst bezahlen, während dies in den Städten der Staat übernimmt. Auch die soziale Absicherung ist auf dem Lande noch sehr lückenhaft, und die Möglichkeiten, günstige Kredite zu bekommen, gering, da Felder und ländlicher Besitz meist von den Banken nicht als Sicherheiten anerkannt werden.

Ist China generell eine egalitäre Gesellschaft?

Der Gini-Koeffizient, der die Ungleichverteilung des Einkommens misst (0 steht für absolute Gleichverteilung, 100 für maximale Ungleichheit), lag in China in den 1990ern bei 32, erreichte 2008 einen Wert von 49 und liegt heute bei rund 46. Ab einem Wert von 40 gilt eine Gesellschaft als anfällig für soziale Unruhen. Eines der dringlichsten Ziele der chinesischen Politik ist daher auch die gerechtere Verteilung des Einkommens.

Was ist ein Hukou?

Sich einfach eine neue Bleibe und Arbeit in einer anderen Stadt zu suchen war in China lange Zeit kaum möglich. Schuld daran ist die Haushaltsregistrierung *hùkǒu* 户口. Jeder Mensch ist an einem bestimmten Ort registriert, und nur dort kann er Sozialleistungen in Anspruch nehmen. Wichtig ist dabei: Es gibt ländliche und städtische Hukous. Erstere sind mit einem Stück Land verbunden, letztere sind heiß begehrt, denn in den Städten sind nicht nur die Löhne um ein Vielfaches besser, eine Stadt-Hukou ist auch an weitaus bessere Sozialleistungen geknüpft.

Mit dem Hukou-System wollte man in China die große Landflucht und Slumbildung verhindern, wie sie für viele Entwicklungsländer typisch ist. In dieser Hinsicht war das System erfolgreich. In den modernen Zeiten des Wirtschaftswachstums ist es jedoch längst obsolet. Zum einen halten sich viele Menschen nicht mehr daran und verzichten lieber auf die Sozialleistungen, als auf dem Lande zu versauern, zum anderen ist auch der Regierung längst daran gelegen, dass die Arbeitskräfte mobil dorthin gehen, wo sie gebraucht werden. Viele Orte haben daher das Hukou-System gelockert. Ohnehin munkelt man, dass es in den nächsten Jahren komplett abgeschafft werden soll.

Wohin mit den Kindern?

Rund 270 Millionen Wanderarbeiter gibt es in China, also Menschen, die oft weit entfernt ihrer Heimat Arbeit suchen, obwohl sie keine passende Hukou besitzen. Sie stellen damit die größte Wanderbewegung der Welt dar. Was weniger bekannt ist: Oft können sie schon aus praktischen Gründen ihre Kinder nicht mitnehmen. Rund 61 Millionen Kinder wachsen derzeit ohne ihre Eltern auf, meist in der Obhut der Großeltern, anderer Verwandter, in Internaten oder manchmal auch allein.

Was kostet die Bildung?

Von 2003 bis 2006 wurden nach und nach die Schulgebühren für die Zeit der neunjährigen Schulpflicht landesweit abgeschafft. Für viele Bauern bleiben die Bildungskosten der Kinder dennoch eine große Belastung, denn Unterrichtsmaterialien müssen natürlich dennoch beschafft werden, genauso wie Schuluniformen und hier und da auch kleine »Geschenke« für die Lehrer. Für die drei Jahre der oberen Mittelschule *gāozhōngxué* 高中学 fallen rund 4000 bis 6000 Yuan pro Jahr an, renommierte Schulen können ein Vielfaches kosten. Zu diesem Zeitpunkt öffnet sich die große Schere: Weniger als 10 Prozent der Schüler in ländlichen Gebieten besuchen die obere Mittelschule, während der Anteil in den Städten rund 70 Prozent beträgt. Spätestens an der Universität wird es aber ohnehin teuer: Zwischen 20 000 und 60 000 Yuan (2700–8100 Euro) kostet ein Studienjahr, für Spitzeninstitutionen kann es auch erheblich mehr werden. Ein chinesischer Thinktank kam 2015 zu dem Ergebnis, dass ein durchschnittlicher Bauer mehr als 13 Jahresverdienste investieren muss, um ein Kind durch die Uni zu bringen. Städtische Familien kostet die höhere Bildung pro Kind immerhin noch rund 4,5 Jahresgehälter. Kein Wunder, dass der Nachwuchs unter extremem Druck steht: Versagen ist bei diesen Kosten einfach nicht vorgesehen.

Insgesamt studieren immerhin rund 88 Prozent aller Absolventen der oberen Mittelschule. Die Qualität der Universitäten variiert allerdings stark.

Einmal durch die Gaokao-Hölle

9,4 Millionen Schüler nahmen 2015 an der sogenannten *Gāokǎo* 高考teil: Diese Uni-Zugangsprüfung am Ende der Oberen Mittelschule bestimmt nicht nur, an welcher der rund 2500 Universitäten und berufsbildenden Hochschulen man studieren darf, sondern auch, welches Fach. In diesen Tagen befinden sich die chinesischen Städte quasi im Ausnahmezustand – und ihre Familien auch. Während der zweitägigen Prüfungsperiode wird nicht nur der Verkehr umgeleitet, um Lärm zu vermeiden, auch Bauarbeiten und andere Ablenkungen müssen vermieden werden. Die Familien versammeln sich unterdessen vor den Schulen und warten gespannt auf erste Nachrichten.

Namen: Man erkennt sie an der Silbenzahl

Chinesische Namen sind grundsätzlich nach dem Schema Nachname-Vorname aufgebaut. Der Nachname ist mit wenigen Ausnahmen einsilbig, während der Vorname in gut 75 Prozent aller Fälle zweisilbig ist, in rund 25 Prozent der Fälle jedoch auch nur aus einer Silbe besteht. Dann fällt es dem Ausländer mitunter schwer, festzustellen, wie die korrekte Anrede ist: Viele Chinesen wissen, dass man im Westen zuerst den Vornamen nennt, und drehen daher ihren Namen auf der Visitenkarte zuvorkommend um. Sind Vor- und Nachname einsilbig, kann das zu Verwirrung führen.

Um es an einem Beispiel zu zeigen: Li Xiaoyun heißt mit Nachnamen Li und mit Vornamen Xiaoyun. Ob es sich dabei um eine Frau oder einen Mann handelt, lässt sich ohne Chinesischkenntnisse nicht erkennen, denn das Geschlecht des Namens erschließt sich aus dem Sinn, nicht aus den Lauten. Li Xiaoyun ist vermutlich eine Frau, denn »kleine Wolke« klingt für einen Mann viel zu zart. Wäre der Vorname Qiang (Kraft), kann man davon ausgehen, dass es sich um einen Mann handelt. Allerdings klappt diese Rückschluss-Methode nicht immer, will man sich beispielsweise bei der Korrespondenz mit einem unbekannten Chinesen – oder eben einer Chinesin – keine Blöße geben, so adressiert man sie einfach mit dem vollen Namen. Ohnehin sollte man sich nicht zu viele Gedanken machen: Wenn es um Namen geht, sind Chinesen mit Auslandskontakten peinliche Fehler gewöhnt.

Problematisch ist nicht nur die Stellung von Vor- und Nachname, sondern auch die Aussprache, die der Unkundige schnell ungewollt verballhornt. Ohne es zu ahnen, verwandelt er »Jinghua« in »Qingwa« (Kröte), so dass sich manch eine Chinesin lieber gleich einen westlichen Namen zulegt – das klingt sowieso schicker.

Nach der Hochzeit behalten die Frauen in der Regel ihren Nachnamen, während die Kinder automatisch den Nachnamen des Vaters bekommen.

Die häufigsten Nachnamen

Mehr als die Hälfte aller Chinesen tragen einen der folgenden Nachnamen:

Zeichen	**Umschrift**	**Ursprüngliche Bedeutung**
王	Wáng	König
陈	Chén	alt / auch: Name einer Region
李	Lǐ	Pflaume
张	Zhāng	Bogenbieger
刘	Liú	Weide
杨	Yáng	Pappel
黄	Huáng	gelb
吴	Wú	Name eines Reiches im 3. Jh.
林	Lín	Wald
周	Zhōu	Name einer Dynastie 1045–221 v. Chr.

叶	Yè	Blatt
赵	Zhào	Name eines Landes der »streitenden Reiche«
吕	Lǔ	(nur Name)
徐	Xú	langsam
孙	Sūn	Enkel, junger Trieb
朱	Zhū	Zinnober
高	Gāo	hoch
马	Mǎ	Pferd
梁	Liáng	Balken
郭	Guō	(nur Name)

Was alles im Namen steckt

Während man sich den Nachnamen seiner Kinder nicht aussuchen kann, sind die Vornamen frei wählbar, solange man sie in chinesischen Zeichen schreiben kann. Sie sind, wie in anderen Ländern auch, den aktuellen Modeströmungen unterworfen. Traditionell hat der Name eine positive Bedeutung wie Dé'ān 德安(tugendhafter Frieden), drückt eine erstrebenswerte Eigenschaft aus wie Qiáng 强 (stark) oder klingt einfach poetisch: die Meeresschwalbe Háiyàn 海燕, der Golddrache Jīnlóng 金龙 oder die Schöne Mélì 美丽 sind Vertreter dieser Fraktion. Oft drücken die Namen auch eine gewisse Hoffnung aus: Jiālè 家乐 (»Freude der Familie«) oder Jiābǎo 家宝

(Familienschatz) waren sicher langersehnte Kinder. Hin und wieder erschließt sich allerdings auch bei längerem Nachdenken nicht so recht, was die Eltern wohl beseelte – oder warum nennt man seinen Sohn wohl Yǒuyú 友鱼 (Freundschaft fischen)?

Im Alten China bestand der zweisilbige Name oft aus einem einsilbigen Generationsnamen, den alle Geschwister trugen, und einem einsilbigen persönlichen Namen. Mao Zedongs Brüder beispielsweise hießen Zétán 泽覃 und Zémín 泽民: Ze war der Generationsname, die letzte Silbe der persönliche Name. Mao Zedong selbst führte diese Tradition weiter und nannte seine ersten drei Söhne Ànyīng 岸英, Ànlóng 岸龙 und Ànqīng 岸青.

Besonders in den Jahrzehnten nach 1949 waren politisch gefärbte Namen sehr verbreitet. Sei es, weil die Eltern vom Feuer des Sozialismus beseelt waren, sei es, weil sie so die richtige Gesinnung beweisen und ihren Kindern zu einer guten Zukunft verhelfen wollten. Auch hier gab es regelrechte Modeströmungen: In den 1950ern waren Namen wie Jiěfàng 解放 (Befreiung), Jiànguó 建国 (das Land aufbauen – rund eine Million Chinesen tragen heute diesen Namen!) oder Zhōngjūn 忠军 (der Armee treu sein) weit verbreitet. Dieser Trend verstärkte sich noch in den 1960ern und 1970ern, also zur Zeit der Kulturrevolution, als traditionelle oder »bourgeoise« Namen völlig verpönt, ja sogar gefährlich waren. Kein Wunder, dass es heute in China nur so von Hóngqí 红旗 »roten Fahnen« und anderen roten Begriffen wimmelt.

Mittlerweile ist man in der Volksrepublik übrigens wieder zu den poetischen Namen zurückgekehrt.

Der häufigste Vorname ist heute Wěi 伟 (großartig) und wird meist an Männer vergeben. In Kombination mit einer anderen Silbe gibt es ihn aber auch als weiblichen Namen.

Wie viele Kinder dürfen Chinesen bekommen?

2015 war es so weit: Im November wurde die Ein-Kind-Politik nach fast 35 Jahren offiziell abgeschafft. Landesweit dürfen nun alle Familien wieder zwei Kinder bekommen. Und nicht nur das: Alle nicht angemeldeten Bürger, meist handelt es sich um illegale Zweit- oder Drittgeborene, dürfen sich nun behördlich offiziell registrieren lassen. Rund 13 Millionen Menschen bekommen damit Zugang zu staatlichen Leistungen, darunter so essentielle Dinge wie Ausweispapiere und Zugang zum Schulwesen.

Der ursprüngliche Sinn und Zweck der Ein-Kind-Regel liegt auf der Hand: Der wirtschaftliche Fortschritt sollte nicht von der wachsenden Bevölkerung »aufgefressen« werden. Inwieweit dieses Gesetz erfolgreich war, ist umstritten: Unabwendbar war es, sagen die einen und verweisen auf Indien, wo das

Bevölkerungswachstum auch heute noch Probleme bereitet. Unnötig, sagen andere, denn mit dem steigenden Lebensstandard sinkt die Zahl der Kinder pro Familie ohnehin. Sicher ist: Ähnlich wie der Westen hat China heute ein Generationsproblem. Zu wenige junge Menschen müssen in Zukunft für die Alten aufkommen.

Ganz überraschend kam der Umschwung übrigens nicht: Seit Beginn des Jahrtausends wurde die Ein-Kind-Politik zusehends aufgeweicht. Für die Minderheiten Chinas hat sie ohnehin noch nie gegolten.

Einzelhaft für Mütter

Sonntags gebären, montags ausruhen, dienstags den ersten kleinen Spaziergang und eine Woche später zurück in den Alltag: So sieht die Zeit nach der Geburt eines westlichen Kindes meist aus (sofern es kein Kaiserschnitt war), gepfeffert mit zahlreichen Verwandtschafts- und Freundesbesuchen. Chinesen (und vor allem Chinesinnen) schütteln in Anbetracht dieser Unvernunft nur den Kopf: Wie kann man seine Gesundheit nur so aufs Spiel setzen? In China ist es üblich »einen Monat abzusitzen«, so die wörtliche Übersetzung von *zuò yuèzi* 坐月子. Die frischgebackene Mutter verlässt einen Monat lang nicht das Haus, setzt sich keiner Zugluft aus, wird von vorne bis hinten bekocht und umhegt, darf nicht baden, sich nicht die Haare waschen und oft auch nicht die Zähne putzen. Anstelle von Obst und Gemüse stehen Fleisch und Zuckerwaren auf dem Speiseplan. Besuch ist ebenfalls nicht erwünscht und unter den sich langsam entwickelnden olfaktorischen Bedingungen auch nicht empfehlenswert. Der Rest der Familie überwacht die strikte Einhaltung des »Monats-Sitzens«. Nicht wenige Chinesinnen in Europa sehen sich unter Druck gesetzt, wieder früh in den Alltag zurückzukehren, ohne die Monatsfrist mit all ihren Regeln einzuhalten – und führen fortan alle gesundheitlichen Probleme auf dieses Versäumnis zurück.

Der Wandel der Statussymbole

Nicht nur im Westen, auch in China zeigen sich Reiche und Mächtige gerne mit Statussymbolen. Diese waren in den letzten Jahrzehnten freilich einem großen Wandel unterworfen:

1960er/1970er: Lederschuhe (auf dem Lande), sozialistische Ehrenabzeichen, Mao-Devotionalien, sehr gute Kenntnis der Aussprüche Mao Zedongs

1980er: Nähmaschine, Reiskocher, Fernseher, Fahrrad, Kugelschreiber (gern in der Hemdtasche getragen)

1990er: Waschmaschine, teure Uhr, hochpreisige ausländische Schnapsflaschen (nicht zwingend voll), Motorrad, teure Zigaretten, gegen Ende des Jahrzehnts Piepser am Gürtel (gerne auch zwei) und die ersten backsteingroßen Handys, die vor allem in Mafiakreisen beliebt waren

2000er: Handys, Computer, teure Gelage im Restaurant, Autos wie z. B. der Audi Shanghai Santana, die Kinder im Ausland studieren lassen

2010er: neuestes Smartphone-Modell, teures Auto mit getönten Scheiben (am besten ein ausländisches Modell), Mätresse (bei Männern), eine »gute« Wohnadresse mit Zugangskontrolle, Mitgliedschaft im Golfclub, teure Gelage mit exotischen Zutaten, die Kinder auf ein Gymnasium ins Ausland schicken

Glamouröse Friseurinnen

Eines muss man Chinas Friseurinnen lassen: Sie sehen durch die Bank gut aus, sind jung und meist auch noch recht vorteilhaft angezogen. Allerdings sind ihre Arbeitszeiten befremdlich, denn ein großer Teil der Frisiersalons ist bis in die frühen Morgenstunden geöffnet. Wie versiert die Damen im Haareschneiden sind, lässt sich nur schwer feststellen, denn erstaunlicherweise nimmt nur selten ein Gast auf den Frisierstühlen Platz. Man muss kein Hellseher sein, um zu ahnen: Hier stimmt was nicht. In der Tat geht es in vielen Salons nicht ums Waschen-Legen-Föhnen, sondern eher ums Flachlegen. Unter dem Deckmantel der Schönheitspflege verbirgt sich mehr oder minder diskret Chinas Prostitution. Natürlich gibt es auch jede Menge echte Friseursalons. Doch die sind tagsüber geöffnet, beschäftigen nicht ausschließlich junge Frauen und verzichten auf die schwülstige Roter-Samt-Atmosphäre der anderen Salons.

Huanying Guanglin! Was machen die Begrüßungsfrauen vor den Geschäften?

Sie sind hübsch, immer ungefähr gleich groß und stehen den ganzen Tag rechts und links der Eingangstür. Sobald ein Gast oder Kunde die Schwelle übertritt, säuseln die oft traditionell gekleideten Damen mit einer angedeuteten Verbeugung »huanying guanglin« – Willkommen ehrenwerter Gast! Da sich der Job genau in dieser Tätigkeit erschöpft, genügt es, eine nette Stimme zu haben und gut auszusehen. Und Langeweile sollte man auch vertragen können. Hochpreisige Läden leisten sich heute oft derartige Empfangsdamen – übrigens ein großer Gegensatz zu den schwergewichtsringerartigen Verkäuferinnen der 1980er, die jeden Versuch, etwas zu erstehen, mit einem fuchtigen »méi yǒu« abschmetterten: »Ham wa nich!«

Was macht einen guten Partner aus?

Männer sollten *gāofùshuài* 高富帅 sein. Der Begriff setzt sich zusammen aus *gāo* (groß), *fù* (reich) und *shuài* (gutaussehend). Ganz konkret bedeutet das: über 1,70 Meter groß, spendabel und gerne auch mit Auto.

Die Durchschnittschinesen sind übrigens 167 Zentimeter (Männer) und 156 Zentimeter (Frauen) groß.

Was macht einen guten Ehemann aus?

»Ist das nicht dasselbe?«, mag sich manch einer fragen. Doch das ist die westliche und aus chinesischer Sicht sehr naive Sichtweise. Wenn es ans Heiraten geht, verliert das »shuai« an Bedeutung, denn Schönheit vergeht, das Bankkonto nicht. Vor allem die sogenannten *bàijīnnǚ* 拜金女 (Gold-Anbeterinnen) können da ganz genau unterscheiden. Viele Eltern sparen daher schon früh auf Haus und Auto, um ihrem Sprössling eine gute Partie zu ermöglichen.

Was macht eine ideale Frau aus

Auf der weiblichen Seite gibt es natürlich ein perfektes Pendant zum *gāofùshuài*, die *báifùméi* 白富美. Sie ist *bái* (weiß), *fù* (reich) und *méi* (hübsch). Im Gegensatz zum männlichen Ideal ist der Reichtum am unwichtigsten, während beim Aussehen keine Abstriche gemacht werden.

Immer schön blass bleiben

Eines der wichtigsten Schönheitskriterien für chinesische Frauen ist ihre Hautfarbe. Eine gesunde Bräune, wie man sie sich in Europa wünscht, gilt in China als unattraktiv. Sobald die ersten Sonnenstrahlen das winterliche Grau durchbrechen, heißt es daher »Achtung!«. Nicht nur Fußgängerinnen schützen sich mit Schirm und Sonnenhut, auch Radfahrerinnen und sogar Motorradfahrerinnen sieht man mit der Rechten am Lenker, in der linken Hand einen Sonnenschirm, durch die Stadt brausen. Zusätzlich sollen sogenannte Mĕibái-Produkte zu einer hellen Haut verhelfen. Der Name setzt sich aus *mĕi* = schön und *bái* = weiß zusammen, zwei Begriffen, die fast schon synonym gebraucht werden.

Vergleicht man das heutige Ideal mit den Propagandabildern der 1960er, fällt ein immenser Unterschied auf. Damals wurden robuste Frauen mit kurzem Haar, gebräunter Haut und ordentlich Muskeln propagiert, schließlich sollten sie im Alltag mit anpacken.

Wer gebräunt war, hatte wahrscheinlich einen harten Job im Freien: Als Bäuerin, Bauarbeiterin oder Marktverkäuferin zum Beispiel. Heute ist das nicht anders, nur besitzen diese Berufe keinerlei Status mehr.

Was ist ein Facekini?

An chinesischen Stränden könnte man hier und da meinen, die Schwimmer bereiteten sich auf einen kollektiven Banküberfall vor: Von den Knöcheln bis zum Kopf in einen elastischen Ganzkörperbadeanzug gequetscht, sehen die Strandbesucher eher aus wie Außerirdische denn wie Erholungsuchende. Nur Augen, Nasenlöcher und Mund sind frei. Mit Prüderie hat das nichts zu tun, hinter diesem modischen Rätsel, genannt Facekini, steckt die blanke Panik vor den Sonnenstrahlen. Vor Quallen schützt die enge Hülle übrigens auch.

Erstmals wurden die seltsamen Outfits aus der Schneiderei von Zhang Shifan 2004 in der Küstenstadt Qingdao gesichtet, heute gehen jedes Jahr mehr als 30000 Exemplare über den Tisch. Dass es dann doch noch recht wenige sind, in Anbetracht von 1,4 Milliarden möglichen Kunden, liegt daran, dass die meisten Chinesen sich gar nicht erst den ganzen Tag an den Strand legen würden, ob nun mit oder ohne Schutz.

Warum es Schwarze in China schwer haben

Von der Vorliebe für weiße Haut bis zum Rassismus ist es nur ein kleiner Schritt: Schwarze haben es schwer in China. Mit ihrer Meinung zum Thema Hautfarbe halten viele Chinesen nicht unbedingt hinter dem Berg: Afrikaner berichten immer wieder von Beschimpfungen und beleidigenden Kommentaren.

Dass diese Haltung auch noch salonfähig ist, zeigte im Frühjahr 2016 eine Werbung für das Waschmittel Qiaobi aus dem Hause Leishang Cosmetics, die es sogar bis in die internationalen Medien schaffte: Eine chinesische Hausfrau stopft einen aufdringlichen Afrikaner einfach in die Waschmaschine und »wäscht« ihn dank der hervorragenden Waschkraft zum sauberen Chinesen. Da wundert es nicht, dass ein afrikanischer oder karibischer Schwiegersohn der personifizierte Albtraum für manche chinesischen Eltern ist, nicht zuletzt weil damit ja auch der Nachwuchs garantiert dunkelhäutig ausfällt.

Schönheit in Zahlen

Mittlerweile kursieren im Internet sogar drei technische Daten, die belegen sollen, dass eine Frau gut aussieht. Eine hübsche Frau hat demnach:

- eine A4-Taille *A4yao* A4 腰
- ein so schmales Handgelenk, dass man einen 100-Yuan-Schein drumwickeln kann *bǎiyuán wàn* 百元腕
- iPhone-6-Knie *iPhone6* 腿: Beide Knie müssen so schmal sein, dass sie unter ein iPhone 6 passen.

Die Weibo-Blogs sind voll von Postings mit Frauen, die sich mit einem A4-Blatt (hochkant natürlich!) ablichten und die Bilder stolz online stellen.

Wer ist ein Loser?

Nicht nur Schönheit lässt sich ziemlich genau messen, auch das Gegenteil eines attraktiven Menschen, der »Loser« *diǎosī* 屌丝, ist genau definiert. Im Internet kursieren regelrechte (ziemlich bösartige) Checklisten, mit denen man prüfen kann, ob man selbst vielleicht in diese Kategorie fällt.

Ein männlicher Loser

- hat weniger als 1000 Yuan bei sich, wenn er das Haus verlässt (ca. 135 Euro),
- raucht Zigaretten, die weniger als 20 Yuan pro Packung kosten (ca. 2,80 Euro),
- trägt Schuhe, die weniger als 800 Yuan (ca. 110 Euro) kosten,
- trinkt Bier und Baijiu (anstatt Wein, Cocktails und Cognac),
- hat vor der Heirat nicht mit mehr als drei Frauen geschlafen
- und ist länger als drei Jahre keine Langstrecke geflogen.

Ein weiblicher Loser

- trägt keinen Nagellack,
- läuft auf der Straße immer einen Schritt hinter dem Mann,
- trägt billige Unterwäsche,
- hat noch nie einen Bikini besessen,
- war seit einem halben Jahr nicht mehr beim Friseur
- und trägt flache Schuhe.

Sogar in der Wissenschaft ist das Phänomen der Diaosi ein Thema: 2014 veröffentlichte die renommierte Peking-Universität eine »Studie über die Lebensbedingungen der Diaosi«. Ihr zufolge verdienen diese im Durchschnitt rund 2900 Yuan (etwas mehr als 400 Euro) im Monat und sind oft alleinstehend. Obwohl der Begriff ursprünglich abwertend gemeint war, verwenden ihn heute viele Chinesen, wenn sie von sich selbst sprechen: Ein erstaunlicher Teil der Bevölkerung empfindet sich selbst als von der wirtschaftlichen Entwicklung »abgehängt«.

Was man zum Heiraten braucht

Vor 1949: ein positives Horoskop, also das passende Geburtsdatum zum Ehepartner, zusätzlich das Einverständnis der Eltern.

1950er–Ende der 1980er: Das Einverständnis der Danwei-Einheit (Stadt) oder der Volkskommunen (Land).

Seit Ende der 1980er: eine Wohnung und am besten auch ein Auto (Männer), Rücklagen für die Wohnungseinrichtung (Frauen). Zunehmend wird auch ein positives Horoskop wieder wichtig.

Was ist eine nackte Hochzeit?

Ein Haus und ein Auto vonseiten des Mannes, eine fette Aussteuer vonseiten der Frau: Nicht jeder kann sich solchen Luxus leisten und nach den gängigen Regeln heiraten. Fehlt es auf beiden Seiten an Barem, vereinbart man einfach eine »nackte Hochzeit«, also eine Heirat, bei der keine teuren Güter in die Ehe gebracht werden. Für die Familien bedeutet dies meist großen Gesichtsverlust – wer will sich schon als arm outen?

Wie zeigt ein chinesischer Ehemann, dass er seine Frau liebt?

- Er trägt ihre Handtasche. Auch wenn es eine rosa Hello-Kitty-Tasche mit Rüschen ist.
- Er geht stundenlang mit ihr shoppen.
- Er findet es süß, wenn sie rumzickt, und bleibt geduldig.
- Er schickt ihr mindestens zehn Text-Messages am Tag aufs Handy.
- Er geht nur heimlich ins Bordell.
- Er macht überall und ständig Selfies mit ihr.

Die neuen alten Konkubinen

Im alten China waren Konkubinen, auch als Nebenfrauen bezeichnet, in wohlhabenden Familien durchaus normal. Mit der Herrschaft der Kommunisten wurde der Vielehe jedoch ein jähes Ende gesetzt. Heute gilt in China wie auch im Westen die

Einehe. Mit den politischen und wirtschaftlichen Lockerungen ist allerdings auch die Konkubine wieder in Mode gekommen: Wer es sich als Mann leisten kann, protzt mit einer Nebenfrau. Die legalen Ehefrauen sind nicht immer unbedingt dagegen: Geheiratet wird nicht immer aus Liebe, und ist der Nachwuchs erst auf der Welt, sind viele Ehefrauen gar nicht böse, wenn eine andere die lästigen Bettpflichten übernimmt. Vorausgesetzt, dies geschieht diskret, und die Konkubine entwickelt keine Heiratsambitionen: Wehe, sie versucht die Hauptfrau vom Thron zu stoßen!

Billig ist dieses Vergnügen allerdings nicht: Eine hübsche Konkubine will in einer eigenen Wohnung untergebracht werden, braucht Taschengeld und natürlich ausreichende Mittel, um sich um ihre Schönheit und Attraktivität zu kümmern. An der Grenze zu Hongkong gibt es längst sogenannte Zweitfrauendörfer, in denen sich die Konkubinen die Tagesfreizeit mit Nagelpflege und Tratsch vertreiben, während sie auf ihren solventen Fast-Ehemann warten. Sozial anerkannt ist das zwar nicht – die Konkubinage bringt nur dem Mann soziales Ansehen –, aber allemal angenehmer, als sich in einer der Fabriken krumm zu schuften, finden zumindest die Zweitfrauen. Solange das Liebesglück andauert, versuchen sie natürlich möglichst viel auf die hohe Kante zu legen, denn Zweitfrauen sind per se jung und hübsch und werden recht unromantisch entsorgt, wenn sie es nicht mehr sind.

Wie findet man einen Partner?

Man trifft sich in der Schule oder Universität, im Park, am Arbeitsplatz oder in der Disco – klar, auch in China funktioniert das manchmal so. Oft aber haben andere ihre Finger im Spiel, wenn es Zeit wird, den passenden Partner zu finden. Schließlich geht es nicht um die ganz große Liebe, sondern um eine lebenslange finanzielle Absicherung, am besten für die ganze Familie. Und dies bitte bis spätestens zum 25. Lebensjahr. Ist der richtige Partner bis dahin noch nicht aufgetaucht, werden die Eltern nervös und beginnen zu drängeln. Beruflich sehr eingespannte Singles nutzen daher auch in China zunehmend Onlinedating-Plattformen, um den richtigen Partner zu finden. Lassen sich Sohn oder Tochter zu viel Zeit, springen die Eltern in die Bresche, egal, was die Kinder davon halten. Ein klassischer Weg der Partnersuche lässt sich im Volkspark Shanghai gut beobachten: Täglich stehen hier Mütter oder Väter am Wegrand, Foto und Kurzlebenslauf des Sprosses in der Hand, und versuchen, die Kinder untereinander zu verkuppeln. Diese »Kinder«, oft schon gestandene Erwachsene in ihren Dreißigern, haben natürlich längst einen Ausweg gefunden. Zumindest temporär entzieht man sich dem ganzen Theater, indem man sich einfach einen Partner mietet. Beispielsweise die Online-Shopping-Plattform Taobao bietet Partner auf Zeit, mit denen sich auf jeder Familienfeier problemlos Eindruck schinden lässt.

Soziale Absicherung in China

Bis in die 1980er war das chinesische Sozialwesen vergleichsweise einfach, aber dafür flächendeckend: Praktisch alle Chinesen waren entweder Mitglieder einer städtischen Arbeitseinheit (Danwei) oder als ländliche Bewohner Mitglieder einer Kommune. Über den Arbeitsplatz wurden vom Gesundheitswesen bis zur Wohnung alle Aspekte des Lebens abgedeckt. Diese sogenannte eiserne Reisschüssel wurde im Rahmen der Reformpolitik und wirtschaftlichen Öffnung der 1980er quasi abgeschafft: Wer die Arbeitseinheit verließ, fiel automatisch auch aus der Versorgung heraus. Gleichzeitig wurden viele staatliche Unternehmen privatisiert und damit aus ihren Danweis entlassen.

Seit den 1990ern arbeitet China an verschiedenen neuen Lösungen, um möglichst viele Menschen abzusichern: Theoretisch gibt es längst eine staatliche Arbeitslosen-, Kranken-, Arbeitsunfähigkeits- und

Rentenversicherung, leider sind längst nicht alle Menschen Teil dieses Systems, das zudem nicht in allen Bereichen landesweit einheitlich ausgestaltet ist. Je nach Region fallen auch die Beiträge für Arbeitnehmer und Arbeitgeber unterschiedlich aus.

Die größten Erfolge sind im Gesundheitsbereich errungen worden: Seit 2011 dürften rund 95 Prozent aller Chinesen in einem der staatlichen Krankenkassen-Modelle mit einer Basisversorgung abgedeckt sein. Freilich übernehmen diese nicht grenzenlos alle medizinischen Behandlungen. Bei teuren Eingriffen und langwierigen Erkrankungen wird ein hoher Eigenanteil fällig, der viele Menschen finanziell überfordert. Zudem sind die Unterschiede zwischen Stadt und Land noch immer deutlich ausgeprägt. Private Krankenversicherungen gibt es natürlich auch, sie machen aber nur einen kleinen Teil aus. Vor allem bessergestellte Chinesen entscheiden sich für diese hochpreisige Variante.

Rein theoretisch müssen Arbeitgeber für alle Angestellten eine Kranken-, Renten-, Unfall- und Arbeitslosenversicherung abschließen und einen Arbeitgeberanteil übernehmen. Oft wird auch ein Betrag zum »Housing Fund« fällig, der es den Mitgliedern nach einem Bausparkassen-Prinzip ermöglichen soll, Wohneigentum zu erwerben. De facto umgehen jedoch viele Unternehmen, vor allem auf dem Land, diese Abgaben. Andere wiederum zahlen nicht den vollen Eigenanteil. So löste ein Streit um die Rentenversicherung im April 2014 in Dongguan einen zweiwöchigen Streik aus, an dem sich 40 000 Arbeiter beteiligten – die Firmenleitung hatte jahrelang unentdeckt zu wenig Abgaben gezahlt, so dass die Arbeitnehmer kaum Leistungen erhielten.

Stroh hinter den Ohren: Neureiche in China

Ursprünglich bezeichnete der Begriff *tǔháo* 土豪 (zusammengesetzt aus den Zeichen für Boden bzw. Acker und Reichtum) nur die Neureichen ohne Stil, die ihr Geld für Kitsch und Status aus dem Fenster werfen. Ein Tuhao war ein typischer Neureicher, der sich zwar alles kaufen konnte, aber mit schlechtem Stil seine bäuerliche Herkunft sofort verriet. Heute wird der Begriff auch als Adjektiv verwendet: Das vergoldete iPhone ist genauso tuhao wie die juwelenbesetzte Sonnenbrille – also kitschig, protzig, auffällig, geschmacklos und so offensichtlich luxuriös, dass es eigentlich nur einem Neureichen gehören kann.

Wer sind die Fu'erdai?

Rund vierzig Jahre ist es jetzt her, dass China das Tor zur Welt wieder aufstieß und seinen Bürgern erlaubte, reich zu werden. Logisch, dass es nun eine zweite Generation von Reichen gibt, eben die Kinder jener, die in den 1980ern und 1990ern ihre Chance ergriffen haben. Als Reiche der zweiten Generation, haben die *fù'èrdài* 富二代 in China einen extrem schlechten Ruf. Sie gelten als verwöhnt und realitätsfremd, als arrogant und mitleidlos. Ähnlich schätzt man auch, nicht ganz zu Unrecht, die »zweite Kadergeneration« *guān'èrdài* 官二代 ein, also die Nachkommen der hohen Parteikader.

Hopp und Ex: Scheidungsrate in China

Keine Frage, die Familie ist in der chinesischen Gesellschaft enorm wichtig. Was jedoch nicht heißt, dass die jungen Chinesen bereit sind, für den Erhalt der Familie zurückzustecken: Mit einer Scheidungsrate von 25 Prozent liegt China kein bisschen hinter dem Westen zurück. Und die Tendenz ist steigend. Ließen sich 2004 noch 1,6 Millionen Paare scheiden, waren es 2014 fast doppelt so viele. Nicht ganz unschuldig daran ist eine Reform des Scheidungsgesetzes aus just jenem Jahr 2004: Bis dahin mussten Ehepaare die Erlaubnis ihres Arbeitgebers oder Wohnviertelkomitees einholen, um sich scheiden lassen zu können – eine langwierige, öffentliche Angelegenheit, begleitet von vielen Rettungsversuchen. Mit der Reform reduzierte sich der Aufwand auf die Zahlung von 10 Yuan und 10 Minuten Zeiteinsatz: Kein Trennungsjahr, keine Schuldfrage, keine Anwälte: Man kann sich noch am Tag des Antrags scheiden lassen, vorausgesetzt die Ehepartner sind sich einig. Mittlerweile haben etliche Städte in China wieder eine Wartefrist eingeführt, die allerdings mit einer Woche noch recht kurz ausfällt. Interessant ist, dass sich in den letzten zehn Jahren auch die Scheidungsgründe stark verändert haben. Waren es früher meist Gewalt in der Ehe, Seitensprünge oder ein neuer Partner, sind heute oft kleinere Streitigkeiten oder Probleme mit den Eltern des Partners Grund genug, sich scheiden zu lassen – oder die Aussicht auf einen finanziell bessergestellten Partner. Sogar Scheinscheidungen sind keine Seltenheit, denn seit 2010 dürfen Ehepaare in vielen Städten nur noch eine Wohnung besitzen. Will man beispielsweise für die Eltern oder Kinder eine weitere Wohnung kaufen, bietet sich zumindest temporär die Scheidung an.

Eine ähnliche Welle von Scheidungen hatte es zuletzt nach 1949 gegeben, als Ehefrauen erstmals das Scheidungsrecht zuerkannt worden war.

Scheidungsgründe im Alten China

Seit der Tang-Dynastie (618–906) konnte sich ein Mann im Alten China aus folgenden Gründen scheiden lassen:

- Die Frau gebiert keinen männlichen Nachkommen.
- Die Frau ist ungehorsam gegenüber den Schwiegereltern.
- Sie begeht Ehebruch.
- Sie zeichnet sich durch Zank, Zwietracht und Geschwätzigkeit aus.
- Die Frau leidet an einer ansteckenden Krankheit.
- Sie zeigt Neid und Eifersucht.
- Sie begeht einen Diebstahl.

Für Frauen war es erheblich schwieriger, sich von ihren Ehemännern zu trennen. Sie durften sich nur scheiden lassen, wenn der Mann ihre Ahnen beschimpft oder ein Familienmitglied der Frau ermordet hatte.

Modetrend Haustiere

Hunde, Katzen, seltene Tiere: In China vermutet man sie meist auf dem Teller und nicht auf dem Sofa.

Doch das hat sich längst geändert. So viele Chinesen haben in den letzten zwanzig Jahren die Liebe zum Hund entdeckt, dass es mittlerweile in vielen Städten eine Ein-Hund-Politik gibt, um nicht im Hundekot zu ersticken.

Insgesamt gibt es derzeit rund 100 000 registrierte Haustiere, die meisten davon Hunde und Katzen. Man darf aber getrost davon ausgehen, dass viele Haustiere gar nicht in den Statistiken auftauchen.

Warum lassen manche Chinesen den Fingernagel des kleinen Fingers extrem lang wachsen?

Lange Fingernägel sind eindeutig Frauensache – findet der Westen. In China gibt es jedoch immer wieder auch Männer, die stolz einen langen Fingernagel am kleinen Finger spazieren tragen. Mit Ästhetik hat das nichts zu tun, sondern mehr mit der schlichten Tatsache, dass man mit diesem Fingerschmuck bestimmt keine harte, körperliche Arbeit erledigen kann. Der lange Fingernagel weist seinen Träger also als »Arrivierten« aus, der sich nicht mehr die Hände schmutzig machen muss.

Gilt Gleichberechtigung?

Im Alten China waren sie völlig ihrem Mann ausgeliefert, dann versprach Mao Zedong ihnen die Hälfte des Himmels – und irgendwo dazwischen liegt die aktuelle Situation, in der sich Chinas Frauen befinden. Sicher ist: Sie stehen im asiatischen Vergleich gut da: Rechtlich sind sie Männern völlig gleichgestellt, beruflich haben sie sich ihren Platz erkämpft: Unter den Führungskräften machen Frauen in China immerhin 25 Prozent aus (je nach Erhebung und Definition sind es sogar 38 Prozent) – zum Vergleich: In Deutschland sind es 14, in den USA 22, in Japan gar nur 8 Prozent. Völlige Chancengleichheit hat aber auch China noch lange nicht erreicht: Im Durchschnitt verdienen Frauen nur 67 Prozent des Einkommens, das Männer erhalten. Ein Grund dafür mag die lückenhafte Kleinkindversorgung sein: Sofern nicht die Großeltern einspringen, bleibt Frauen kaum eine Möglichkeit, in den ersten Jahren Vollzeit zu arbeiten.

Andererseits sind es gerade eher schlecht bezahlte Jobs, die für viele junge Frauen vom Lande geradezu revolutionäre Veränderungen gebracht haben. Als Wanderarbeiterinnen sind sie oft die Hauptverdiener der Familie und damit auch die Entscheider über das Budget. Insgesamt sind drei Viertel aller Chinesinnen berufstätig.

Nicht zuletzt hat die Ein-Kind-Politik zur Emanzipation beigetragen. Sie mag das Geschlechterverhältnis verschoben haben – in China kommen auf 115 Jungen nur 100 Mädchen (das biologisch natürliche Verhältnis liegt bei 103:100) –, doch gerade in den Städten legen Eltern enormen Wert auf die Ausbildung ihres einzigen Kindes, egal ob es ein Mädchen oder ein Junge ist.

Shanghaier Furien

Eine Frau aus Shanghai heiraten? Für die meisten chinesischen Männer ein gewagtes Unterfangen. Zu Recht. Anders als im Rest des Landes, wo sich meist die Frauen mit dem Haushalt herumschlagen, sind es in Shanghai die Männer, die nach einem anstrengenden Job abends am Herd stehen oder Wäsche waschen. Warum gerade in Shanghai die Frauen so gut abschneiden, lässt sich nicht nachverfolgen. Sicher ist aber: Mehr als die Hälfte aller Geschäftsleute sind hier weiblich.

Das Erbe des alten Mannes: Konfuzius

Egal um welchen gesellschaftlichen Aspekt es geht, auf irgendeine Weise ist er garantiert von Konfuzius geprägt. So dominant sind die Ideen des alten Philosophen, dass man seine Lehren im Westen sogar als chinesische Religion wahrnimmt. Besonders die Vorstellung einer hierarchischen Gesellschaft, in der jeder Mensch einen klar definierten Platz hat, den er optimal ausfüllt, hat Ostasien zutiefst geprägt. Die völlige Gleichstellung aller Menschen ist bis heute eine in China wenig propagierte Idee: Seit Konfuzius steht der Ältere über dem Jüngeren, der Mann über der Frau und der Herrscher über dem Untertanen. Der Sozialismus mag da einiges verwässert haben, doch der alte Weise ist längst zurück. Interessanterweise haben die wenigsten seine Weisheiten gelesen (was natürlich auch auf den Westen in Bezug auf dessen Philosophen zutrifft), Konfuzius' Ideen haben sich jedoch längst verselbständigt. Ohnehin ist bei vielem fraglich, ob es wirklich aus der Feder beziehungsweise aus dem Munde des Meisters stammt. Er selbst hat nämlich keine Aufzeichnungen hinterlassen – es waren seine Schüler, die seine Ideen notierten und verbreiteten. Logisch, dass sich dabei allerhand Änderungen und Interpretationen einschlichen. Viele dieser Schriften wurden durch die große Bücherverbrennung des ersten Kaisers Qin Shihuangdi zerstört, der sämtliches konfuzianisches Gedankengut auszumerzen versuchte.

Sag es durch die Blume

Einfach mal einen netten Strauß mitbringen, das kann in China ordentlich in die Hose gehen. Zum einen gelten Schnittblumen eher als Begräbnisbeigabe, zum anderen haben viele Blumen eine Bedeutung. Die mag zwar auch nicht mehr jedem modernen Chinesen bekannt sein, doch wer will schon riskieren, der Frau des Geschäftspartners erotische Avancen zu machen – quasi durch die Blume? So stehen beispielsweise Weidenzweige für untreue Liebhaber, der Hibiskus symbolisiert erotische Anziehungskraft, und die Päonie ist ein Zeichen für die Vagina.

Das politische China

Politisch gibt China dem westlichen Betrachter immer wieder Rätsel auf: Ist es nun ein kommunistisches Land? Oder doch eher ein Hort des Kapitalismus? Und wer hat in China wirklich das Sagen?

Wer regiert China?

Die Kommunistische Partei natürlich, oder? Das ist allerdings nur teilweise richtig. De facto hat China eine Regierung, die organisatorisch von der Partei völlig unabhängig ist. Ihre Mitglieder werden vom Nationalen Volkskongress *Quánguó rénmín dàibiǎo dàhuì* 全国人民代表大会 gewählt, dessen rund 3000 Mitglieder wiederum alle fünf Jahre von den Delegierten der Provinz-Volkskongresse und der Volksbefreiungsarmee gewählt werden. Die täglichen Geschäfte übernimmt der Ständige Ausschuss des NVK mit seinen rund 160 Mitgliedern.

Theoretisch wäre China also auch ohne die KPCh handlungsfähig. Dass die Regierung dennoch, rein zufällig, immer die Parteirichtlinie umsetzt, liegt an einer ganzen Reihe von komplexen Mechanismen.

Zum einen haben rund 70 Prozent aller Abgeordneten auch ein Parteiamt inne – zum Vergleich: Rund sechs Prozent aller Bürger sind Parteimitglieder. Innerhalb der Partei kümmert sich zudem die »Zentrale Organisationsabteilung« *Zhōngguó gòngchǎndǎng zhōngyāng zǔzhī bù* 中国共产党中央组织部 um die Personalpolitik und letztlich darum, dass die richtigen Kader an den wichtigsten Schlüsselpositionen sitzen. Die Partei schlägt beispielsweise potentielle Regierungsmitglieder vor, die vom Nationalen Volkskongress bestätigt werden. Rein theoretisch könnte man diese Zustimmung natürlich verweigern, was der politischen Karriere wahrscheinlich wenig zuträglich wäre. Generell umweht die Organisationsabteilung der Hauch der Geheimhaltung – in dieser Hinsicht lässt sich die Partei nur ungern auf die Finger schauen.

Wie heißt das höchste Machtgremium der Kommunistischen Partei?

Das höchste Machtgremium der Kommunistischen Partei (KPCh) ist der Ständige Ausschuss des Politbüros mit seinen sieben bis neun Mitgliedern. Sie bestimmen den Kurs der Partei. Allerdings sind auch sie nicht vor Unbill gefeit, wie die Vergangenheit immer wieder gezeigt hat. So verbrachte Zhao Ziyang, einst Premierminister und später Generalsekretär der KPCh, die letzten Jahre seines Lebens in Hausarrest, bar jeglicher Ämter.

Gibt es demokratische Wahlen in China?

Seit 1998 werden die Delegierten der untersten Verwaltungsebene der Regierung, der lokalen Volkskongresse auf Dorf- und Stadtebene, demokratisch und geheim gewählt. Nicht nur das: Es müssen auch mehr Kandidaten aufgestellt werden, als Posten zu vergeben sind. So weit, so gut. In der Tat werden dort hier und da unbequeme Kandidaten gewählt – was nicht ohne Relevanz ist, denn die unterste Ebene wählt die Delegierten der nächsthöheren Ebene, ein System, dass sich bis in den Nationalen Volkskongress fortsetzt. Theoretisch könnten es also auch unabhängige, ja sogar abweichlerische Kandidaten bis in die höchste Ebene schaffen. De facto geschieht dies kaum: Unabhängige Delegierte sehen sich oft sozialem und politischem Druck ausgesetzt. Wenn alles nichts hilft, kann die Regierung laut Verfassung »unangemessene Entscheidungen« lokaler Vertretungen annullieren.

Seit einigen Jahren wird parallel und regional beschränkt mit verschiedenen Mischungen aus Vorschlagswesen und Wahlen experimentiert: Eine gewisse Selbstbestimmung auf unterster Ebene ist durchaus erwünscht, natürlich aber ohne die Machtstellung der Partei zu unterminieren.

Was ist ein »Paramount Leader«?

Seit 1993 ist der Vorsitz über den Ständigen Ausschuss des Politbüros oder dem des Vorsitzenden der Militärkommission in der Regel mit dem Posten des Generalsekretärs der KPCh und dem des Staatspräsidenten verbunden. Der Inhaber dieser Positionen wird im Englischen daher auch als »Paramount Leader« *zuì gāo lǐngdǎorén* 最高领导人 bezeichnet. Zu den Paramount Leaders gehör(t)en:

Máo Zédōng 毛泽东 1949–1976
Huá Guófēng 华国锋 1976–1978
Deng Xiǎopīng 邓小平 1978–1992
Jiāng Zémín 江泽民 1992–2002
Hú Jǐntāo 胡锦涛 2002–2012
Xí Jìnpīng 习近平 seit 2012

Chinas Führungsgenerationen

Die politische Führung der Volksrepublik China wird in sogenannten »Führungsgenerationen« gezählt: Ihre Mitglieder sind meist ungefähr gleich alt und berufen sich auf eine vergleichbare politische Legitimation. Die Wechsel der Führungsgenerationen vollzogen sich meist während der Parteitage, die (mit einigen Ausnahmen aufgrund politisch unruhiger Zeiten) alle fünf Jahre stattfinden und die aktuelle politische Linie festlegen.

1. Generation:
Mao Zedong (1893–1976), Zhou Enlai (1898–1976), Zhu De (1886–1976), Chen Yun (1905–1995), Liu Shaoqi (1898–1969)
Ungefähre Regierungszeit: 1945–1976
Gemeinsame Legitimation: Teilnahme am Langen Marsch

2. Generation:
Deng Xiaoping (1904–1997), Hu Yaobang (1915–1989), Zhao Ziyang (1919–2005) und Hua Guofeng (1921–2008). Sie gelten allgemein als Gegenfaktion zur ersten Generation.
Ungefähre Regierungszeit: 1976 bis 1992
Gemeinsame Legitimation: Teilnahme am Langen Marsch

3. Generation:
Jiang Zemin (geb. 1926), Li Peng (geb. 1928), Zhu Rongji (geb. 1928).

Ungefähre Regierungszeit: 1992–2003
Gemeinsame Legitimation: eher nebensächlich. Teils haben sie in der ehemaligen Sowjetunion studiert.

4. Generation
Hu Jintao (geb. 1942), Wen Jiabao (geb. 1942), Zeng Qinghong (geb. 1939), Wu Bangguo (geb. 1941)
Ungefähre Regierungszeit: 2002–2012
Gemeinsame Legitimation: keine

5. Generation
Xi Jinping (geb. 1953), Generalsekretär der KPCh und Staatspräsident, Li Keqiang als Premierminister (geb. 1955)
Ungefähre Regierungszeit: Seit 2012
Gemeinsame Legitimation: keine, dafür ein bemerkenswerter Anteil an Nachkommen hoher Parteikader in der Regierung

Gibt es unterschiedliche Lager in der KPCh?

Nach außen tritt die KPCh gern als geschlossener Block auf. Im Inneren gab und gibt es allerdings unterschiedliche Lager. Diese sogenannten Faktionen bildeten sich bereits in den Jahren nach der Machtübernahme 1949. Einer der wichtigsten und langwierigsten Faktionskämpfe war der Konflikt zwischen Mao Zedong und seinen Anhängern sowie den Politikern um Deng Xiaoping in Sachen Wirtschaftspolitik. Zweimal wurde Deng seiner Ämter enthoben, einmal kurz vor der Kulturrevolution und einmal in den 1970ern. Letztlich bewies er jedoch den längeren Atem (nicht zuletzt, weil Mao 1976 starb) und konnte so als Dirigent der Öffnungspolitik in die Geschichte eingehen.

Chinas Regierung hat alles unter Kontrolle

Im Westen wird der chinesische Regierungsapparat oft als monolithischer Block dargestellt, der strikt und autoritär alle Bereiche Chinas unter Kontrolle hält. Viele Chinesen dürften über diese Vorstellung laut lachen. In der Realität gibt es einen großen Graben zwischen zentraler und lokaler Führung. Während in Beijing die allgemeine politische Richtung ausgearbeitet wird, gibt es bei der Umsetzung vor Ort viel Spielraum. Das ist sinnvoll, denn alle Maßnahmen müssen an die lokalen Gegebenheiten angepasst werden. Es bietet aber auch die Möglichkeit, still und heimlich zu machen, was man will. Auch dies ist nicht zwingend gut oder schlecht. So war die Politik im Süden des Landes lange weitaus liberaler als im Norden – und ist es heute vielleicht noch, denn Beijing ist weit weg. Andererseits öffnet die mangelnde (und in diesem Ausmaß oft unmögliche) Kontrolle die Türen für Korruption und persönliche Bereicherung. Selbst Streikende und Protestierende, die es in China durchaus auch gibt, richten sich nicht unbedingt gegen die Partei oder Zentralregierung, sondern oft ganz bewusst gegen die lokalen Behörden, die ihre Position ausnutzen oder gar gegeneinander arbeiten.

Wozu braucht man eine Kampagne?

»Der Große Sprung nach vorn«, die Kulturrevolution, die Hundert-Blumen-Bewegung: Manche politischen Kampagnen der Volksrepublik China haben es bis in den täglichen Sprachgebrauch der Deutschen geschafft. Vor allem Mao Zedong und seine Anhänger bedienten sich immer wieder des Instruments der Massenkampagne, um das Volk auf ein klar definiertes Ziel einzuschwören – und unbequeme Kontrahenten loszuwerden. Teils nahmen die Massenkampagnen den Charakter von Gehirnwäsche an. Egal ob in der »Kampagne gegen Rechtabweichler«, der »Kritik an Konfuzius«, der »Kampagne gegen Korruption« oder anderen: Zeitgleich wurden meist Maos Gegner verschiedenster Vergehen oder politischer Abweichungen angeklagt – und natürlich aus dem Weg geräumt.

Mehr als 50 Kampagnen mussten die Bewohner der Volksrepublik seit 1949 über sich ergehen lassen, darunter allerdings nicht nur Kampagnen mit politischen Motiven, sondern auch rein praktische, wie die »Kampagne zur Ausrottung der vier Plagen«, also zur Vernichtung von tierischen Schädlingen (oder was man damals dafür hielt). Heute geht es nicht mehr so plump zu, Kampagnen gibt es aber noch immer. So läuft derzeit die »Kampagne gegen die vier Winde«, dem des Formalismus, dem der Bürokratie, dem des Hedonismus und dem der Verschwendung – oder, einfach zusammengefasst, gegen Korruption und Amtsmissbrauch.

Die Mao-Bibel

In China heißt sie *Máo zhǔxí yǔlù* 毛主席语录, also »Zitate des Vorsitzenden Mao Zedong«, auch als »das kleine rote Buch« bekannt. Erstmals wurde die Sammlung von Aussprüchen Mao Zedongs 1964 von seinem damaligen designierten Nachfolger Lin Biao herausgegeben. Sicher kein schlechter Schachzug, um sich bei Mao einzuschmeicheln. Erst als Lektüre für die Soldaten der Armee gedacht, wurde das kleine rote Buch in der Kulturrevolution geradezu zum Kultgegenstand: Sogar Bauern rezitierten Mao-Sprüche auf den Feldern, um das Getreide besser wachsen zu lassen.

Rund eine Milliarde Exemplare sollen verteilt worden sein, und das nicht nur in China, sondern in 36 Sprachen in 180 Ländern der Welt.

Heute gibt es das Buch landesweit für wenige Yuan auf Flohmärkten und in Ramschläden, was schlicht daran liegen könnte, dass manch ein vermeintlich in die Jahre gekommenes Exemplar vielleicht doch erst dieses Jahr gedruckt wurde. Wertvoll ist es also meist nicht, es sei denn, man erwischt eine (echte) frühe Auflage mit dem Vorwort Lin Biaos. Der einstige designierte Nachfolger soll angeblich einen Umsturz geplant haben, flog jedoch 1971 auf und stürzte unter ungeklärten Umständen bei der Flucht in die Sowjetunion mit dem Flugzeug ab. Das Vorwort wurde daher in den Folgeauflagen entfernt.

Wie wird Mao heute bewertet?

Mittlerweile ist es mehr als 40 Jahre her, dass Mao das Zeitliche segnete. Politisch und kulturell ist er jedoch nach wie vor präsent. Nicht, dass die aktuelle Politik in irgendeiner Weise maoistisch wäre: Vieles, was heute in China gang und gäbe ist, würde ihm einen Herzinfarkt bescheren, wenn er nicht ohnehin schon tot wäre.

Andererseits mag man sich auch nicht so recht von ihm trennen. Mao im Nachhinein kritisch zu beleuchten würde indirekt auch bedeuten, die Macht der Kommunistischen Partei in Frage zu stellen. Bereits 1980 rang man sich in der Parteiführung zu einer offiziellen Einschätzung durch, die seither als finales Urteil gilt, das nicht weiter diskutiert werden soll: »Mao lag zu 70 Prozent richtig und zu 30 Prozent falsch.« Dies übrigens aus dem Munde Deng Xiaopings, der unter Mao Zedong extrem zu leiden hatte und dessen Sohn von Roten Garden so malträtiert wurde, dass er querschnittsgelähmt blieb.

Bis heute baumelt Mao Zedong also als Talisman vom Rückspiegel vieler Taxifahrer (wer so mächtig war, kann sicher auch noch aus dem Jenseits helfend eingreifen), blickt als gigantisches Porträt über den Platz des Himmlischen Friedens und lächelt von den meisten Geldscheinen. Nicht zu vergessen sein Mausoleum, vor dem die Menschen noch immer Schlange stehen. Hier und da finden sich auch Politiker, die die »gute alte Mao-Zeit« heraufbeschwören, in der alle Menschen vermeintlich gleich waren. Eine Retro-Vision, die in Zeiten einer wachsenden Kluft zwischen Arm und Reich durchaus eine gewisse Anziehungskraft ausübt. Zuletzt vertrat Bo Xilai, ehemaliger Parteichef der Stadt Chongqing, diese Linie, stürzte jedoch 2012 über eine Korruptionsaffäre.

Die tödlichste nichtkriegerische Krise

Mit rund 60 Millionen Toten hält die Kampagne des »Großen Sprungs nach vorne« (1958–1961) *dà yuè jìn* 大跃进 den weltweiten Rekord als tödlichste nichtkriegerische Krise: Ziel der Kampagne war es, die westlichen Industriestaaten wirtschaftlich einzuholen und die Übergangszeit zum Kommunismus zu verkürzen (laut der kommunistischen Theorie ist der Sozialismus nur eine Phase des Übergangs vom Kapitalismus zum Kommunismus). Die Mittel dazu waren radikal: Die bäuerlichen Betriebe wurden zu Volkskommunen zusammengelegt, in die nahezu der gesamte private Besitz der Bevölkerung überging. Das Privatleben in der Familie wurde mehr oder minder abgeschafft. Die Kommunen übernahmen nun beispielsweise die Zubereitung der Mahlzeiten und die Betreuung der Kinder. Bei den Bauern kam diese Maßnahme, gelinde gesagt, schlecht an und sorgte für eine miserable Arbeitsmoral. Auch die Kampagne zur Erhöhung der Stahlproduktion stürzte das Land ins Chaos, denn praktisch alle Gegenstände aus Metall wurden in Hinterhof-Öfen zu minderwertigem Stahl eingeschmolzen. Schlechte Ernten aufgrund von Misswirtschaft, teils abstrusen »Verbesserungen« der landwirtschaftlichen Methoden und Naturkatastrophen führten schließlich zu einer Hungersnot, der Abertausende Menschen zum Opfer fielen.

Früher war alles besser …

Mao Zedong war ein Diktator, unter seiner Herrschaft starben Millionen von Menschen. Warum also gibt es in China noch immer viele Bürger, die sich sicher sind: »Früher, unter Mao, war alles besser!«? Ein paar Erklärungsansätze:

1. Alle waren gleich. Gleich arm, muss man sagen, doch das Grundgefühl bleibt: Große Unterschiede zum Nachbarn oder Kollegen gab es eher nicht und damit auch nicht das ungute Gefühl, abgehängt worden zu sein.
2. Unter Mao gab es im Alltag weniger Korruption und Vetternwirtschaft: Plötzlicher Reichtum wäre viel zu auffällig gewesen! Aufgrund des allgemeinen Mangels in den Geschäften fiel Geld als Regulatorium flach. Zu Deutsch, nicht ein volles Portemonnaie, sondern Stamina beim Schlangestehen waren gefragt. Logisch, dass sich auch die Eigentumskriminalität weniger lohnte, denn in den wenigsten Wohnungen gab es etwas zu holen …
3. Von der Wiege bis zum Sarg war alles durchgeplant. Arbeitsplatz und Wohnung wurden zugeteilt, Arbeitslosigkeit war unbekannt, und wenn es mit dem Heiraten nicht so recht klappen wollte, sprang die Arbeitseinheit ein und verkuppelte. Das muss man mögen.

4. Die unteren Gesellschaftsschichten wurden nach 1949 enorm aufgewertet: Arbeiter, Bauern und Handwerker waren mit einem Schlag die »Guten«, die durchweg bevorzugt wurden. Genau diese Menschen haben von Öffnung und Reform am wenigsten profitiert.

Wie wird man Parteimitglied?

Anders als in vielen osteuropäischen Ländern, wo zu sozialistischen Zeiten die Parteimitgliedschaft fast schon verpflichtend war, ist es in China überaus schwierig, der Kommunistischen Partei Chinas (KPCh) beizutreten. Die Parteimitgliedschaft ist auch heute noch eine angesehene Auszeichnung, die nicht nur Status, sondern auch eine steile Karriere verspricht. Auch all jene, die am politischen Entscheidungsprozess teilnehmen wollen, entscheiden sich letztlich für eine Parteimitgliedschaft.

Derzeit gibt es rund 88 Millionen Mitglieder. Die KPCh ist damit, bei aller Exklusivität, die größte Partei der Welt. Und der Andrang ist groß: Rund 22 Millionen bewerben sich jedes Jahr, doch nur ein Siebtel aller Anwärter wird aufgenommen.

Der Weg in die Partei beginnt für viele mit sechs Jahren in der Jugendorganisation der Jungen Pioniere. Ab dem 14. Lebensjahr geht es weiter mit der

Kommunistischen Jugendliga, ab 18 ist theoretisch eine volle Mitgliedschaft in der KPCh möglich. Bis dahin muss sich der Kandidat allerdings beweisen. Normalerweise sind folgende Schritte erforderlich:

- Ein schriftlicher Beitrittsantrag bei der lokalen Parteizelle
- Persönliche Empfehlung durch zwei Parteimitglieder
- Besuch einer Lerngruppe
- Bestehen des Aufnahmetests
- Beitritt als Mitglied auf Probe
- Schwur auf die Partei
- Keine kriminelle oder politische Vorgeschichte

Sicher ist auch: Es schadet nicht, Nachkomme eines hohen Kaders zu sein. Ihnen werden meist keine Steine in den Weg gelegt, wenn sie sich für die Mitgliedschaft bewerben. Seit 2001 dürfen auch selbständige Unternehmer, einst das Sinnbild des bösen Kapitalisten, Mitglieder werden. Lohnenswert scheint es allemal zu sein: Rund 90 Prozent der 1000 reichsten Chinesen sind Parteimitglieder. Ob sie aufgrund ihrer Mitgliedschaft reich wurden oder umgekehrt Mitglieder wurden, weil sie gute und effiziente Geschäftsleute sind, lässt sich natürlich nicht feststellen.

Selbstverständlich kann man auch wieder aus der

Partei ausgestoßen werden, zum Beispiel aufgrund von Skandalen oder kriminellen Machenschaften. Dies geschieht zwar meist im Stillen – und offizielle Zahlen gibt es nicht –, aber häufiger, als man denkt.

Was sind Prinzlinge?

Rund die Hälfte aller Top-Politiker Chinas sind sogenannte Prinzlinge, das heißt Söhne und Töchter von Top-Kadern der Partei. Im Volk haben sie keinen guten Ruf und gelten als verwöhnt und weltfremd.

Wann begann die Reform-Ära?

Das dritte Plenum des Ständigen Ausschusses des 11. Zentralkomitees 1978 gilt als offizielles Datum, quasi der Moment, als die Tür zur Außenwelt wieder aufgestoßen wurde. Zweimal war Deng Xiaoping bereits auf dem politischen Abstellgleis gelandet und aus allen wichtigen Ämtern entfernt worden, doch auf diesem Plenum gelang es ihm, ein drittes Mal an die Macht zu gelangen. Mit seiner Ankündigung, fortan die Entwicklung der Wirtschaft in den Mittelpunkt stellen zu wollen (was erst einmal wenig spektakulär klingt, aber in einem krassen Gegensatz zu den sozialistischen Phrasen der letzten Jahrzehnte stand), läutete er einen gigantischen Reformprozess ein.

Deng Xiaopings bekannteste Sprüche

Chinas ehemaliger Spitzenpolitiker rief nicht nur die Reform- und Öffnungspolitik ins Leben, es gelang ihm auch immer wieder, seine Anliegen in knappen Slogans zu formulieren. Einige davon sind längst Legende und im ganzen Land bekannt:

实事求是 *shí shì qiú shì*
Die Wahrheit in den Tatsachen suchen!
(Über die neue Art, die Realitäten zu sehen, das heißt sich weniger von Propaganda den Blick verstellen lassen)

不管白猫, 黑猫, 逮住老鼠就是好猫
bùguǎn bái māo, hēi māo, dàizhù lǎoshǔ jiù shì hǎo māo.
Es ist egal, ob die Katze weiß oder schwarz ist, solange sie Mäuse fängt.
(Letztlich ist eine funktionierende Wirtschaft wichtiger als die Ideologie. Logisch, dass Mao Zedong ihm nicht zustimmte.)

摸着石头过河 *mōzhe shítóu guò hé*
Von Stein zu Stein tastend, den Fluss überqueren.
(Neue Wege in der Wirtschaft ausprobieren. Wenn es funktioniert – gut. Wenn nicht – verwerfen!)

打开窗户, 新鲜空气和苍蝇就会一起进来
dǎ kāi chuānghù, xīnxiān kōngqì hé cāngyíng jiù huì yīqǐ jìnlái
Wenn man das Fenster öffnet, kommen nicht nur frische Luft, sondern auch Fliegen herein.
(Über die negativen Folgen der Öffnungspolitik)

贫穷不是社会主义. 致富光荣 *pínqióng búshì shèhuì zhǔyì. Zhìfù guāngróng*
Armut ist nicht sozialistisch. Reich werden ist ruhmreich.
(Eine Replik an die Gegner der Öffnungspolitik)

Warum kümmert sich die Mittelschicht so wenig um demokratische Reformen?

Die Mittel- und Oberschicht gehört klar zu den Gewinnern der Reformpolitik: Materiell gesehen, geht es ihnen gut, und auch die persönliche Freiheit hat in den letzten Jahrzehnten spürbar zugenommen. Beruflich stehen ihren Mitgliedern, allesamt Stadtbewohner, viele Berufswege offen.

Echte Demokratie würde jedoch bedeuten, Millionen von Bauern eine Stimme zu geben – und damit letztlich sogar eine gerechtere Verteilung des Vermögens anzustoßen. Dies ist nicht im Sinne der Mittelschicht, die die unteren Schichten eher als Konkurrenten wahrnimmt. Und dies nicht ganz zu Unrecht: Bis heute werden die Städte in vielerlei Hinsicht bevorzugt, beispielsweise bei den Investitionen in Bildung, Infrastruktur und im medizinischen Bereich. Gäbe man den Landbewohnern eine starke Stimme, könnte sich dies schnell ändern. Kurzum, die Mittelschicht hätte im Fall einer konsequenten Demokratisierung unter Umständen und auf kurze Sicht mehr zu verlieren als zu gewinnen.

Was die Chinesen beschäftigt

Diskutiert man im Westen über China, geht es meist um die Themen Demokratie und Pressefreiheit. Vor Ort werden die Prioritäten anders gesetzt. Spricht man mit Menschen auf der Straße oder unterhält sich im privaten Umfeld, sind es vor allem diese Themen, die als besonders wichtig empfunden werden:

- Lebensmittelsicherheit
- Korruption

- Miet- und Immobilienpreise, ungerechte Entwicklungen auf dem Immobilienmarkt
- Bildungsstandard und Jobs für Schul- und Universitätsabgänger
- Willkür lokaler Behörden

Nordkorea, der unbequeme Freund

Atomtests, Drohgebärden, allgemeiner Hunger und hier und da sogar eine unverschämte Geste gegenüber dem letzten verbliebenen Verbündeten: Chinas Nachbar Nordkorea hat es sich mit quasi jedem Land der Welt verscherzt. Nur China steht, zumindest formell, noch an seiner Seite. Doch warum? Das hat verschiedene Gründe:

- Aus historischen Gründen: Nordkorea ist ein vermeintlich sozialistischer Staat, so wie China vordergründig auch.
- China befürchtet, dass im Falle der Öffnung der nordkoreanischen Grenzen Millionen von ungebildeten Flüchtlingen nach China kommen könnten.
- China möchte keine direkte Grenze mit Südkorea, dem US-Verbündeten. So ein Pufferstaat dazwischen kommt nie schlecht.

Wer kommt als Erster durch die Tür?

Wenn die Kommunistische Partei Chinas sich alle fünf Jahre zum Parteitag trifft, um den politischen Kurs für die nächste Periode festzulegen, passiert auf den ersten Blick erst einmal wenig Spannendes. Kontroverse Diskussionen gibt es eher selten, und wenn, dann sicher nicht vor laufender Kamera. Auch die Reden auf den Parteitagen taugen für den Uneingeweihten bestenfalls als Einschlafhilfe. Und doch warten die Menschen gespannt vor dem Fernseher. In China weiß man zwischen den Zeilen zu lesen. Am wichtigsten sind folgende Fragen:

1. Wer sitzt wo während des Parteitags?
2. Wer läuft wo beim Einzug des Ständigen Ausschusses des Politbüros nach dem Parteitag? An der Reihenfolge lässt sich die exakte zukünftige Hierarchie im Partei- und Staatsgefüge ablesen.

Todesstrafe für Korruption

Xi Jinpings Kampagne gegen die Korruption richtet sich an »Tiger und Fliegen« gleichermaßen: Nicht nur hohe Kader, auch niedere Staatsangestellte stehen seit 2013 im Fokus der Untersuchungen. Seither gibt es einige klare Regeln: Nach vier Hauptgerichten und einer Suppe ist beispielsweise das Limit für ein Bankett erreicht.

Nach den Regeln des Obersten Volksgerichtshofs und der Oberstaatsanwaltschaft von 2015 ist die Todesstrafe ab Unterschlagungssummen oder Schmiergeldern von mehr als drei Millionen Yuan quasi obligatorisch. Bei Summen von 1,5 bis 3 Millionen Yuan und bei besonders schweren Verbrechen, wie der Veruntreuung von Katastrophenhilfsgeldern, kann die Todesstrafe verhängt werden.

Bis zu einer Summe von 30 000 Yuan sind die Fälle individuell einzuschätzen und vor allem dann zu verfolgen, wenn viele Menschen geschädigt wurden. Nachträgliche Spenden an gemeinnützige Organisationen in Höhe der Schmiergelder reduzieren die Strafe im Übrigen nicht.

Gut geschmiert durchs Leben

Zahlen sind nur schwer zu bekommen: Logisch, denn nur wer erwischt wird, geht in die Statistik ein. Allein 2013 wurden 182 000 Kader disziplinarisch belangt. Sicher ist: Korruption ist in China vergleichsweise weit verbreitet. Im Ranking des Corruption Perception Index der nichtstaatlichen Anti-Korruptionsorganisation Transparency International steht China 2015 an 83. Stelle von 167 Ländern – und ist damit zwar weitaus besser als beispielsweise die Ukraine (130) oder Vietnam (112) platziert, aber weit abgeschlagen hinter asiatischen Nachbarstaaten wie Singapur (8), Japan (18) und Taiwan (30). Der Abstand zu einigen europäischen Ländern ist geringer: So liegt China nur leicht hinter Serbien (71), Bosnien-Herzegowina (76) und Bulgarien (69). Ein bisschen scheint die Anti-Korruptionskampagne des Präsidenten Xi Jinping aber doch genützt zu haben: 2014 stand China noch auf Platz 100.

Seither üben sich auch vermeintlich unangreifbare Kader etwas mehr in Zurückhaltung, wenn es darum geht, öffentlich im Luxus zu schwelgen. Dass es hier und da auch die ganz Großen treffen kann, zeigen hochkarätige Beispiele wie diese:

- Xu Caihou, General, ehemaliger stellvertretender Vorsitzender der Zentralen Militärkommission und Mitglied des Politbüros, wurde 2014 aller Ämter enthoben und aus der Partei ausgestoßen, weil er »enorme Summen« von Schmiergeldern angenommen hatte. Eine Gerichtsverhandlung blieb ihm erspart, da er kurz darauf an Krebs erkrankte und 2015 starb.
- Guo Boxiong, General, ehemaliger stellvertretender Vorsitzender der Zentralen Militärkommission und bis 2012 Mitglied des Politbüros, wurde 2015 ebenfalls aller Ämter enthoben und aus der Partei

ausgeschlossen, da er Bestechungsgelder für Beförderungen angenommen hatte.

- Zhou Yongkang, ehemaliges Mitglied des Ständigen Ausschusses des Politbüros der Partei und Sekretär der Zentralkomitee-Kommission für Politik und Recht – also quasi der Sicherheitschef Chinas –, wurde 2015 zu einer lebenslänglichen Haftstrafe verurteilt, da er rund 130 Millionen Yuan an Bestechungsgeldern angenommen haben soll.
- Liu Zhijun, früherer Bahnminister, wurde Ende 2013 zum Tode verurteilt, 2015 wurde seine Strafe in lebenslange Haft umgewandelt. Er soll Schmiergelder in Höhe von etwa 80 Millionen Yuan angenommen haben.
- Ling Jihua, ehemaliges Mitglied des Zentralkomitees der Partei, wurde 2015 aller Ämter enthoben, aus der Partei ausgeschlossen und zu lebenslanger Haft verurteilt, weil er, nachdem sein Sohn bei einem Autounfall zwei Frauen getötet hatte, versuchte die Angelegenheit zu vertuschen und die Familien der Opfer mit Bestechungsgeldern zum Schweigen zu bringen. Außerdem soll er rund 70 Millionen Yuan Schmiergelder angenommen haben.

Petzen per App

Seit Juni 2016 haben die chinesischen Bürger eine neue Möglichkeit, korrupte Beamte zu melden: per Handy-App, genauer gesagt mit der App *Zhōngyāng jìwěi jiānchá bù wǎngzhàn kèhù duān* 中央纪委监察部网站客户端. Schnell ein Schnappschuss mit der Handy-Kamera, zum Beispiel vom teuren Sportwagen, dem opulenten Bankett oder der teuren Armbanduhr eines Kaders, und auf geht's mit dem belastenden Material zur Zentralen Disziplinarkommission der Kommunistischen Partei. Anonym natürlich. Der Nutzer kann dabei zwischen den Kategorien »Missbrauch öffentlicher Gelder«, »Inlandstourismus«, »Unterwegs im Ausland«, »Luxus-Hochzeiten oder -Beerdigungen« und »Andere« wählen. Bereits wenige Tage nach dem Start verzeichnete die Disziplinarkommission eine wahre Flut an Meldungen, allein am ersten Tag waren es 700.

Was hatte die Kulturrevolution mit Kultur zu tun?

Eigentlich nichts. Unter dem Deckmantel der »permanenten Revolution« ließ Mao Zedong alle seine Gegner und ihre Anhänger ausschalten. Rund vier Millionen Kader sollen während der Kampagne der »Großen proletarischen Kulturrevolution« *wúchǎn-*

jiējí wénhuà dàgémìng 无产阶级文化大革命 verhaftet und fast zwei Drittel aller hochrangigen Kader von ihren Posten entfernt worden sein, darunter auch Deng Xiaoping und Liu Shaoqi, der die Kulturrevolution nicht überlebte.

Mao Zedong rief Schüler und Studenten auf, die Schulen zu verlassen und Klassenfeinde beziehungsweise »bourgeoise Elemente« aufzuspüren. Auf den Straßen wüteten fortan die »Roten Garden«: Jugendliche, die teils wahllos Menschen der Konterrevolution anklagten, öffentlich demütigten und quälten, teils auch untereinander erbitterte Kämpfe ausfochten. Wie viele Menschen bei diesen inszenierten Schauprozessen umkamen, lässt sich nur schwer einschätzen. Zwischen einer halben Million und zwei Millionen könnten es gewesen sein.

Bis heute ist das Thema Kulturrevolution nicht aufgearbeitet.

Wer wird als verlorene Generation bezeichnet?

Nach einer heißen Phase von 1967 bis 1968 versuchte Mao, die anarchistischen Zustände wieder unter Kontrolle zu bringen, und ließ in den folgenden Jahren rund 18 Millionen Jugendliche aufs Land schicken, wo sie von den Bauern lernen sollten. Für viele gab es auch nach Maos Tod 1976 keine Möglichkeit mehr, in die Stadt zurückzukehren, da sie ihr städtisches Aufenthaltsrecht verloren hatten. Auch in Sachen Bildung sah es für die während der Kulturrevolution aufgewachsene Generation schlecht aus: Jahrelang waren Schulen und Universitäten geschlossen, den wenigsten gelang es später, einen Schulabschluss nachzuholen.

Acht Gründe, in der Kulturrevolution verhaftet zu werden

- Westliche Literatur im Bücherschrank
- Ein westliches Instrument spielen und / oder westliche Notenblätter besitzen
- Zu gute Manieren, die auf eine »gute« Herkunft schließen ließen
- Vom Nachbarn oder Kollegen, die diese gute Gelegenheit nutzen, als Feind des Sozialismus denunziert werden
- Oberschichtler oder frühere Grundbesitzer in der Familie haben
- Häufige Aufenthalte oder Studium im westlichen Ausland
- Mao widersprechen
- Die Kulturrevolution kritisieren

Die chinesische Mafia

Einst aus den Geheimgesellschaften unzufriedener Untertanen des Kaiserreichs entstanden, hatten die Triaden, Chinas ureigene Mafia, lange Zeit großen Einfluss in China. Vor allem das Shanghai der 1920er und 1930er war bekannt für die offene Herrschaft der Mafia. So ließen die Franzosen den Chef der »Grünen Bande«, »Großohr« Du Yuesheng, in ihrer Shanghaier Konzession lange Zeit ohne jede Einschränkungen gewähren, solange er keine antifranzösischen Aktionen plante.

Mit dem Sieg der Kommunisten allerdings mussten sich die Mitglieder der Mafia schleunigst ein neues Betätigungsfeld suchen. In Anbetracht der allgemeinen Armut, der Umverteilungen und der nunmehr gestiegenen Kontrolle war einfach nicht mehr so viel zu holen! Viele gingen nach Hongkong, Macau oder Taiwan und natürlich in die Chinatowns in den USA und in anderen Ländern. Freilich lösten sich die Triaden nicht einfach auf. Mit der Öffnungspolitik in den 1980er Jahren und dem steigenden Lebensstandard wurde auch die Volksrepublik wieder attraktiv. Logischerweise gibt es nur wenig verlässliche Informationen, wie es heute um die Triaden steht, denn sie lassen sich nur ungern in die Karten sehen. 1986 sollen es noch 100 000 Mafiosi gewesen sein, 15 Jahre später schon 1,5 Millionen. Heute ist das organisierte Verbrechen wieder in den traditionellen Tätigkeitsfeldern Drogenhandel, Prostitution und Glücksspiel zu finden.

Für die Zusammenarbeit mit Kadern und lokalen Behörden gibt es mittlerweile auch einen neuen Begriff: *Bǎohùsǎn* 保护伞 heißt es, wenn die offiziellen Stellen einen Schutzschirm aufspannen, so die wörtliche Übersetzung.

Das Alte und das weniger alte China

Warum heißt das Reich der Mitte »Reich der Mitte«?

Das chinesische Weltbild des Altertums war – wie auch das europäische – zweidimensional: Die Erde galt als viereckige Scheibe mit dem chinesischen Kaiserreich als Zentrum, sowohl im physischen als auch im zivilisatorischen Sinne. Je weiter vom Zentrum entfernt, als desto barbarischer galten die Kulturen. Auch das Zeichen für »Mitte« lässt sich auf diese Vorstellung zurückführen: Es besteht aus einem Rechteck mit einem zentralen Strich.

Was ist eine hydraulische Gesellschaft?

Obwohl der Gelbe Fluss an seinem Unterlauf als Dammfluss eine echte Gefahrenquelle darstellte (siehe Seite 26 f.), siedelten gerade hier besonders viele Menschen: Die Böden des chinesischen Kernlandes waren fruchtbar und die Ernten gut. Anstatt sich neue Siedlungsgebiete zu suchen, entwickelte man im Laufe der Jahrhunderte ein kompliziertes System aus Deichen, Flutbecken und Bewässerungsanlagen, das die Gefahr durch Überschwemmungen bannen sollte. Die daraus entstandene Hochkultur nennt man heute eine »hydraulische Gesellschaft«, denn sie basiert auf diesen wasserbaulichen Meisterleistungen.

Wo steht die Wiege der chinesischen Zivilisation?

Keine Frage, geht es nach älteren Quellen, liegt die Wiege der chinesischen Kultur am Gelben Fluss, in just jener Region, in der man ihn bändigte.

Doch das ist nur ein Teil der Wahrheit. 1986 entdeckten Ziegeleiarbeiter in Sanxingdui in der Provinz Sichuan im Südwesten Chinas einige Gruben mit seltsamen Artefakten. Die darauf folgenden Ausgrabungen brachten spektakuläre Funde zutage: glubschäugige Bronze- und Goldmasken, die jedem Außerirdischen-Film zur Ehre gereicht hätten, Jadeschmuck, Töpferwaren und Waffen, über die man bis heute recht wenig weiß, außer, dass sie rund 4000 Jahre alt und wahrscheinlich der Ba-Shu-Kultur zuzuordnen sind, die vor rund 3000 Jahren aus unbekannten Gründen verschwand.

Die Ausgrabungen brachten das chinesische Weltbild gehörig durcheinander, denn die in Beijing sehr beliebte Theorie (stützt sie doch den Führungsanspruch des Nordens), der Süden Chinas sei bis zur

Ankunft der Han-Chinesen eine kulturelle Wüste gewesen, war mit einem Male widerlegt. Auch wenn die Region am Gelben Fluss nach wie vor von herausragender Bedeutung ist, lässt sich die Theorie eines einzigen Ursprungsortes der chinesischen Zivilisation nun nicht mehr aufrechterhalten.

Das Himmelsmandat

Wer herrschen will, braucht eine Rechtfertigung, warum gerade ihm oder ihr dieses Privileg zufällt. In China ist es das Mandat des Himmels *tiānmìng* 天命, das seit der Zhou-Dynastie (1040–221 v. Chr.) den Herrscher auszeichnet. Er ist als Bindeglied zwischen Himmel und Erde für die Umsetzung der kosmischen Harmonie auf Erden verantwortlich. Freilich ist dieser göttliche Herrschaftsauftrag nicht auf ewig angelegt. Nur wer sich des Mandats des Himmels würdig erweist, darf es behalten. Als untrügliches Zeichen des Verlusts galten und gelten große Naturkatastrophen – eine Annahme, die durchaus nachvollziehbare Wurzeln hat: Interessierte sich der Kaiser nicht für die Regierungsgeschäfte und verlustierte sich lieber mit seinen Konkubinen, ließ er meist auch die Kontrolle über die Deichbauarbeiten schleifen, was sich häufig prompt mit großen Überschwemmungen rächte.

Auch die Folgen von Erdbeben und anderen Naturkatastrophen fielen aufgrund schlechter Verwaltung verheerender aus. In diesem Fall war es gerechtfertigt, den Kaiser zu stürzen und eine neue Dynastie auszurufen, um die kosmische Harmonie zu erneuern. Bis heute macht es chinesische Politiker zutiefst nervös, wenn Naturkatastrophen das Land erschüttern, nagt dies doch an ihrem Himmelsmandat.

Nur wer die Flüsse beherrscht …

Auch Mao Zedong war zeitlebens bemüht, das Himmelsmandat für sich zu beanspruchen – zwischen den Zeilen natürlich, denn ein Verweis auf solche »bourgeoise« Sichtweisen hätte ihm nicht gut gestanden – bestes Beispiel dafür ist sein berühmtes Bad im Yangzi: 1966, als seine Führungsposition in der Partei ins Wanken geriet, hatte sich längst eine handfeste Gegenströmung zu Maos ideologischer Politik gebildet, deren pragmatische Gegenspieler Deng Xiaoping und Liu Shaoqi vor allem durch eine erfolgreiche Wirtschaftspolitik bestachen. Den Gerüchten, der »große Vorsitzende« sei ohnehin zu alt für den Posten des Parteivorsitzenden, begegnete Mao mit einem ausgiebigen Bad im Yangzi, wo er einige Kilometer schwimmend zurücklegte, begleitet von Journalisten und Parteifreunden. Die Botschaft war klar:

Mao war nicht nur physisch fit, sondern auch immer noch in der Lage, den längsten Fluss Chinas zu bändigen. Kurze Zeit später brach er die Kulturrevolution vom Zaun (siehe Seite 151 ff.) und fegte seine Gegner erst einmal von der politischen Landkarte.

Auch sein Tod wurde, wie es sich für einen echten Kaiser gehört, von einer großen Katastrophe angekündigt: 1976 legte ein Erdbeben die nordchinesische Stadt Tangshan in Schutt und Asche, wenige Monate bevor Mao Zedong das Zeitliche segnete.

Vor diesem Hintergrund erscheint selbst der Bau des Drei-Schluchten-Staudamms in den 1990ern in einem völlig anderen Licht. Neben den Vorteilen in puncto Schiffbarkeit und Flutverhinderung geht es auch ein bisschen darum, der Kommunistischen Partei ein hydraulisches Denkmal zu setzen: »Seht her, so stabil ist unser himmlisches Mandat, dass wir selbst den Yangzi bezwingen können!«

Seit wann ist China »China«?

Erstmals geeint wurde China in der Qin-Dynastie (221–206 v. Chr., Aussprache: Tchin), der ersten Kaiser-Dynastie, von deren Namen wahrscheinlich auch die heutige Bezeichnung »China« abstammt. Das Herrschaftsgebiet der Qin umfasste weniger als die Hälfte des heutigen Gebiets der Volksrepublik. In den folgenden Jahren kam es jedoch zu großen territorialen Zuwächsen. Gegen Ende der Han-Dynastie (206 v. Chr. – 220 n. Chr.) hatte das chinesische Kaiserreich erstmals das ungefähre Ausmaß seines heutigen Staatsgebietes (mit Ausnahme von Tibet, der Mandschurei und Taiwan, aber inklusive großer Teile des heutigen Vietnams und Koreas) erreicht.

Die erste ISO-Kampagne fand in China statt

Vereinheitlichungen, genaue Instruktionen, wie diese und jene Situation zu handhaben seien, ja, sogar klare Angaben, wo man welche Informationen finden könne: Angestellte von großen Unternehmen kennen den gewaltigen Aufwand, den es zu betreiben gilt, um nach den Standards der Internationalen Organisation für Normung (ISO) zertifiziert zu werden.

Neu ist dieser Gedanke der Vereinheitlichung allerdings nicht: Bereits im China der Qin-Dynastie (221 – 206 v. Chr.) waren Normierung und Standardisierung ein großes Thema. Nachdem der Kaiser Qin Shihuangdi die Nachbarreiche unterworfen und das Reich geeint hatte, schien es ihm an der Zeit aufzuräumen: Alles sollte einheitlich werden, vom Gedankengut bis zur Verwaltung. In der Tat ließ er aus dem bunten Wirrwarr verschiedener Versionen derselben Zeichen per Reform eine einheitliche Schrift entwickeln, deren Gebrauch fortan Pflicht war. So gründlich erledigte Qin Shihuangdi diese Aufgabe, dass auch die heutige Zeichenschrift im Grunde auf seinen Vorgaben basiert. Auch Maßeinheiten, Zahlungsmittel und sogar die Straßenbreiten ließ er vereinheitlichen, genauso wie die Gesetze, die nicht nur extrem streng ausfielen, sondern auch für alle Menschen gleichermaßen gelten sollten.

Verwirrende Namen

Familienname, Herrschaftsdevise, posthumer Name, Tempelname: Die chinesischen Kaiser sind oft gar nicht so leicht zu erkennen, besitzen sie doch gleich mehrere Namen, die in der Literatur oft auch noch munter durcheinandergeworfen werden. Um es an einem Beispiel zu zeigen: Der erste Ming-Kaiser hieß mit Familiennamen Zhū Yuánzhāng 朱元璋, regierte unter der Devise Hóngwǔ 洪武 (»überbordende militärische Macht«) und erhielt nach seinem Tode den posthumen Namen Gāodì 高帝 (hoher Kaiser) und den Tempelnamen Tàizǔ 太祖 (höchster Ahne). Bei Belieben konnte der Kaiser die Regierungsdevise *niánhào* 年号 aber auch wechseln, zum Beispiel wenn sich die politischen Bedingungen änderten. Für das historische Verständnis sind die Regierungsdevisen übrigens durchaus von Bedeutung: In der traditionellen Geschichtsschreibung werden für Datumsangaben die Regierungsdevisen mit dem jeweiligen Jahr verwendet, also beispielsweise Hongwu 11 für das Jahr 1379, denn die Regierung des Ming-Kaisers begann 1368. Auch auf den alten runden Münzen mit Loch, die man auf den Antikmärkten Chinas erstehen kann, ist meist die Regierungsdevise der Prägezeit dieser (fast) echten Kleinode vermerkt.

Woran Dynastien scheiterten

Die einen hielten sich nur wenige Jahre, anderen gelang es immerhin, Jahrhunderte an der Macht zu bleiben. Von Dauer war freilich keine der Dynastien. Die Gründe ihres Scheiterns sind jedoch oft erstaunlich ähnlich:

- *Ambitionierte Großprojekte:* So ließ der Qin-Kaiser im 2. Jahrhundert vor Christus beispielsweise nicht nur seine Grabstätte und die Tonarmee bauen, sondern ordnete gleichzeitig auch unzählige Straßenprojekte und den Ausbau der Großen Mauer an. Zeitweise sollen rund 15 Prozent seiner Untertanen dort beschäftigt gewesen sein. Auch die Sui-Kaiser zu Beginn des 7. Jahrhunderts begingen diesen Fehler und verheizten rund fünf Millionen Untertanen beim Bau des Kaiserkanals.

- *Dekadenz und Desinteresse:* Was scheren mich die Untertanen? Und wer interessiert sich schon für Kampf und Militärstrategie? So schlagkräftig die mongolische Yuan-Dynastie China aufrollte, so schnell verfiel sie dem süßen Leben jenseits der Jurten und des Sattels. Auch die Ming-Kaiser waren in den letzten Jahren ihrer Herrschaft mehr mit Palastintrigen beschäftigt als mit den Bedrohungen von außen und wurden schließlich von den Mandschus überrannt.
- *Große Reichsausdehnung:* Schon die Kaiser der Han-Dynastie taten sich schwer, das riesige Reich zu überblicken, und mussten oft gleich mehrere Aufstände gleichzeitig bekämpfen. Auch die Tang-, die Ming und die Qing-Dynastie wurden so (unter anderem) entscheidend geschwächt.

Woran Kaiser sterben

Der eine oder andere Kaiser wurde natürlich von Konkurrenten oder Aufständischen getötet. Viel spannender ist jedoch die hohe Todesrate unter den Staatsoberhäuptern aufgrund von vermeintlich lebensverlängernden Maßnahmen:

In der Zeit der östlichen Han zu Beginn unserer

Zeitrechnung regierten gleich mehrere minderjährige Kaiser hintereinander, denn fast alle von ihnen wurden von den Unsterblichkeitspillen der Hof-Daoisten dahingerafft. Schuld daran war das darin enthaltene Quecksilber. Ähnlich erging es Kaiser Ai der östlichen Jin (317–420), der sich ebenfalls mit dubiosen Lebensverlängerern vergiftete. Diverse Kaiser der Tang-Dynastie (618–907) folgten ihm. Für eine weitere Welle an frühen Toden sorgte in der späten Ming-Dynastie das Opium, dem nicht nur potenzsteigernde Eigenschaften nachgesagt wurden, sondern auch die Aura des Allheilmittels anhaftete und dem die Kaiser oft hemmungslos zusprachen.

Chinas fremde Herrscher

5000 Jahre ununterbrochene Geschichte bescheinigt man den Chinesen in den meisten Geschichtsbüchern. Doch stimmt das wirklich? Sieht man einmal von der Unmöglichkeit einer »unterbrochenen« Geschichte ab, lohnt es sich, einen genauen Blick auf die Herkunft der verschiedenen Dynastien zu werfen. Im Verlauf der Geschichte musste sich das chinesische Reich immer wieder komplett oder teilweise nomadischen Invasoren unterwerfen – und dies teils über Jahrhunderte! Dass das heute kaum mehr der Rede wert ist, ist einem simplen Trick geschuldet: Indem man den Fremdherrschern chinesische Namen gab und sie damit sinisierte, wurden sie Teil der chinesischen Geschichtsschreibung. Ohnehin waren die meisten Fremdherrscher, die fast ausnahmslos aus den Weiten der asiatischen Steppen stammten, gerne bereit, die weitaus bequemere chinesische Kultur anzunehmen. Zu den wichtigsten Fremdherrschern gehören:

Dynastie	Zeit	Ursprung/Ethnie
Nördliche Wei	386–534	Tuoba Xianbei/ Tabgatsch
Liao	907–1125	Kitan
Westliche Xia	1032–1227	Tanguten
Jin	1115–1234	Dschurdschen
Yuan	1271–1368	Mongolen
Qing	1644–1911	Mandschu

War die Große Mauer hilfreich?

Schon der Blick auf die Liste der Fremdherrscher genügt, um die Antwort erahnen zu können: Nein. Zum einen war die Grenze zu den nomadischen Völkern viel zu lang, als dass man sie wirklich hätte schützen können, zum anderen bestand die Große Mauer bis in die Ming-Dynastie (1368–1644) aus einem Flickwerk von Erdwällen unterschiedlicher Höhe. Die imposanten Mauerteile, wie man sie heute in der Nähe von Beijing besuchen kann, wurden erst unter dem Eindruck der gerade erst vertriebenen Mongolen angelegt: Nie wieder sollte so etwas geschehen! Die Mauer wurde daher von den Ming-Herrschern verbreitert und erhöht, durchweg mit Steinen befestigt und gut bemannt. Ganz nebenbei entwickelte sie sich so zu einem effizienten Kommunikationsweg. Sicherheit brachte freilich auch sie nicht: Als die Mandschuren Mitte des 17. Jahrhunderts die Finger nach China ausstreckten, genügte ein korrupter Wächter, der die Tore öffnete.

Wo leben die chinesischen Römer?

Sie sprechen Chinesisch wie alle anderen in der Region, und auch sonst sind es eher Kleinigkeiten, die den Betrachter ins Grübeln bringen: Einige der Bewohner von Liqian am Rande der Wüste Gobi haben grüne Augen, andere eher braune als schwarze Haare, hier und da scheinen die Nasen ein wenig größer als bei anderen Chinesen. Und dann gibt es ja noch die Gerüchte, sie seien ja eigentlich keine richtigen Chinesen, sondern stammten von Römern ab …

Grund genug für einen Trupp Wissenschaftler, den Gerüchten auf den Grund zu gehen. Und in der Tat waren die Ergebnisse der Gentests überraschend:

Die DNA einiger der Bewohner war zu 56 Prozent europäischen Ursprungs.

Stammen sie wirklich von einer verlorenen Legion des Marcus Crassus ab? Bei einer Schlacht gegen die Parther wurden seine Legionen 53 v. Chr. aufgerieben. Die meisten der römischen Soldaten starben auf dem Schlachtfeld oder wurden später umgebracht. Doch anscheinend, so die Theorie, gelang einigen die Flucht. Sie sollen sogar einige Jahre später als Söldner aufseiten der Chinesen gegen die Hunnen gekämpft haben: In chinesischen Chroniken tauchen Beschreibungen von »Fisch-Formationen« auf, bei denen es sich sehr wohl um die berühmte militärisch-taktische »Schildkröten-Formation« der Römer handeln könnte. Ganz geklärt ist dieses Mysterium allerdings nicht. Laut anderer Theorien könnten die Vorfahren der Bewohner von Liqian schlicht Hunnen sein. Ausgrabungen sollen nun weitere Indizien zutage bringen. Die Bewohner von Liqian allerdings wollen nicht so lange warten: Die Theorie von der römischen Abstammung hat den Ort überhaupt erst auf die touristische Landkarte gesetzt und beschert ihm nun eine erfreuliche Anzahl von Besuchern.

Wussten die Römer und Chinesen voneinander?

Schon früh in der Geschichte Europas gelangten wundersame Waren aus dem Fernen Osten in den Westen: Vor allem die Seide verzückte die Römer, die sich allerdings nicht erklären konnten, wie dieser unglaublich leichte Stoff wohl hergestellt worden sein könnte. Für sie waren die Chinesen daher die »Seres«, die Seiden-Menschen. Erst im Jahr 166 fand der erste und wahrscheinlich einzige direkte Kontakt zwischen den beiden Hochkulturen statt. Nach chinesischen Quellen traf in diesem Jahr eine römische Gesandtschaft ein, von der man heute vermutet, sie könnte von Kaiser Marcus Aurelius geschickt worden sein.

Warum suchte der Westen im Mittelalter den Kontakt zu China?

Neben der Seide und anderen illustren Waren kam im Mittelalter noch ein weiterer wichtiger Lockfaktor dazu: In der Zeit der Kreuzzüge und der großen christlich-muslimischen Konflikte war man im Westen auf der Suche nach Verbündeten. Angeblich sollte in China der christliche Priesterkönig Johannes regieren, eine mythische Gestalt, von der man sich Beistand gegen die islamische Bedrohung aus dem

Orient erhoffte. Missionen wie die der Franziskaner Giovanni da Piano di Carpinean und Wilhelm von Rubruck gelangten zwar bis 1245 beziehungsweise 1253 an den Hof des Kublai Khan, für eine antimuslimische Allianz zwischen den christlichen Europäern und den Mongolen ließ sich dieser jedoch nicht gewinnen.

Der größte China-Verkaufsschlager aller Zeiten

1271 brach Marco Polo mit seinem Vater Ricci und seinem Onkel Maffeo Ricci in Richtung Asien auf. Erst 1295 kehrte er zurück und verkündete zum großen Staunen (und Unglauben) seiner Mitbürger, er habe 17 Jahre am Hof des Kublai Khan in China verbracht, das zu dieser Zeit von den Mongolen besetzt war. Besser noch, er sei als Beamter in den Dienst des Kublai getreten und überhaupt nur durch eine List wieder entlassen worden. Seine Landsleute blieben skeptisch. Dennoch oder vielleicht gerade deshalb wurden seine Memoiren zum absoluten Verkaufsschlager: Sein Buch »Über die Wunder der Welt« wurde nach der Bibel das am meisten kopierte Buch der Welt – zu Zeiten, als man diese noch mühsam per Hand abschreiben musste, wohlgemerkt!

Ob es stimmt, dass Marco Polo in China war, wird man wohl nie ganz genau wissen. In sinologischen

Kreisen wird es jedoch angezweifelt. Obwohl es rein theoretisch gut möglich ist, dass Marco Polo China besuchte, gibt es einige Punkte in seinen Büchern, die den Verdacht nahelegen, dass er vielleicht doch nicht so lange dort war:

- In chinesischen Quellen taucht Marco Polo nicht auf, obwohl er als Beamter für den Kublai Khan in ganz China unterwegs gewesen sein soll.
- Seine Reisen sind weder chronologisch noch geographisch geordnet dargestellt, ganz so, als wäre ihm nicht wirklich klar, wo die Orte tatsächlich liegen.
- Anstelle der chinesischen Ortsnamen, die ihm als Bedienstetem des Kublai hätten geläufig sein müssen, verwendet er buntgemischt persische, arabische, chinesische und manchmal auch einige, deren Herkunft nicht zuzuordnen ist. Als hoher Beamter des Kaiserhofs hätten ihm die chinesischen oder zumindest mongolischen Namen geläufiger sein müssen.
- Viele wichtige Errungenschaften beziehungsweise Eigenheiten der chinesischen Kultur, die ihn hätten erstaunen müssen, erwähnt er nicht: Zeichenschrift, Buchdruck, Essstäbchen und Schießpulver zum Beispiel.

Doch wo war Marco Polo dann? Und woher stammten die Informationen über China? Diese könnte er bei anderen Händlern und Reisenden aufgeschnappt haben, was auch die sprachlichen Wirren erklären würde.

Columbus' großer Bruder

Seine Flotte war hundertmal größer als die von Columbus, er segelte von China bis Indien und Afrika, und mit großer Wahrscheinlichkeit entdeckte er sogar Amerika. Und dennoch: Der Eunuch und kaiserliche Vertraute Zheng He ist im Westen ziemlich unbekannt. Ja, sogar in China war er lange Zeit vergessen, nur in Südostasien wird er mitunter im daoistischen Pantheon verehrt.

Im Jahr 1405 machte sich Zheng He 郑和 im Auftrag des Ming-Kaisers Yongle von Nanjing aus mit 300 Schiffen und gut 30 000 Mann Besatzung auf den Weg in die Welt (zum Vergleich: Columbus musste sich mit drei Schiffen und 90 Seeleuten begnügen). Sein Ziel: Die Welt kennenlernen und den Ruhm Chinas mehren. Um die 300 000 Kilometer legte er mit seiner Flotte insgesamt zurück, sammelte Tribut für den Kaiser und verwandelte China für kurze Zeit in die wichtigste Seemacht der Welt. Doch der Ruhm nahm ein jähes Ende: Mit dem Tode des Kaisers Yongle 1424 veränderte sich auch der politische Schwerpunkt: In Anbetracht der ständigen Bedrohung durch nomadische Völker im Norden schien es nun eine regelrechte Verschwendung, derartig gigantische Expeditionen zu finanzieren, anstatt sich auf die Landesverteidigung zu konzentrieren. Konservativen Konfuzianern waren die nautischen Eskapaden ohnehin ein Dorn im Auge gewesen. Mit dem Tode Zheng Hes 1436 ließ der neue Kaiser Xuande daher nicht nur alle Fahrten einstellen, sondern auch Zheng Hes Aufzeichnungen vernichten und sogar den Bau von meerestüchtigen Schiffen mit mehr als zwei Masten zum Kapitalverbrechen erklären. Chinas Zeit als Seemacht war zu Ende, und der bedeutendste Seefahrer Asiens versank für rund 450 Jahre im Vergessen.

Wieso durften ausgerechnet die Portugiesen eine Siedlung in Macau errichten?

Weil sie da waren – könnte man ganz lapidar antworten. In der Tat erreichten die ersten portugiesischen Schiffe bereits 1517 Guangzhou. Dass sie 40 Jahre später das Siedlungsrecht im benachbarten Macau erhielten, war jedoch eher ein Glücksfall. Im notorisch von Piraten heimgesuchten südchinesischen Meer kamen portugiesische Seefahrer der Besatzung eines chinesischen Schiffes zu Hilfe und konnten so einen Angriff abwenden. Aus Dankbarkeit, aber auch in der Annahme, Portugal werde die Piraten weiterhin fernhalten, wurde ihnen die Gründung einer Siedlung erlaubt.

Westliche Vorreiter auf dem Weg nach China

Nachdem die Portugiesen in Macau eine Siedlung errichtet hatten, begannen sie das, was alle »guten Christen« der damaligen Zeit taten: Schäfchen und Seelen sammeln. In Macau wurde eine ganze Heerschar von Missionaren auf China vorbereitet, sprachlich wie kulturell. 1565 zogen die ersten jesuitischen Missionare nach China weiter – und waren erstaunlich erfolgreich. Und dies nicht ohne Grund: Wissenschaftlich gebildet, brachten sie nicht nur neue religiöse Ideen mit, die erst einmal niemanden interessierten, sondern auch mathematische und astronomische Neuerungen, die am Kaiserhof begeistert aufgenommen wurden. Namen wie Wilhelm von Rubruck, Matteo Ricci, Adam Schall von Bell und Ferdinand Verbiest sind auch heute noch ein Begriff in der Wissenschaft. Auch sie wurden in Macau vorbereitet, lernten mit Begeisterung Chinesisch und waren schnell in der Lage, ihre Theorien auf Chinesisch zu notieren. Nach der jesuitischen Inkulturationstheorie passten sich die Missionare so weit wie möglich an die chinesische Kultur an, erkannten sogar Ahnenverehrung als christlich an und sahen auch im Studium der konfuzianischen Schriften erst einmal keinen Widerspruch zum Christentum.

Das Ansehen der Jesuiten wurde bald so groß, dass Kaiser Kangxi 1692 im sogenannten »Toleranzedikt« jedermann das Recht einräumte, auch zum christlichen Gott zu beten, und die christlichen Gotteshäuser unter seinen Schutz stellte.

Wieso China doch nicht christlich wurde

In Anbetracht dieser Erfolge verwundert es ein wenig, dass die Missionare letztlich in religiöser Hinsicht kaum Spuren hinterließen. Schuld daran waren zum einen missgünstige Konkurrenten, zum anderen der Papst. Denn so geschickt sich die jesuitischen Missionare anstellten, so tapsig verhielt sich der Vatikan. Den christlichen Glauben anpassen? Am Ende gar im Sinne der Chinesen? Das kam für die Päpste in Rom keinesfalls in Frage. Auch die Konkurrenten der Franziskaner- und Dominikaner-Orden waren wenig begeistert vom Erfolg der Jesuiten. Nach langen Streitigkeiten und vielen Diskussionen verurteilte der Vatikan 1704 endgültig die Ahnenverehrung als unchristlich. Ein päpstlicher Gesandter wurde eigens nach Beijing geschickt, um die Jesuiten wieder auf Linie zu bringen. Als dieser auch noch alle chinesischen Christen, die die Ahnenverehrung praktizierten, exkommunizieren ließ, platzte dem Kaiser Kangxi die Hutschnur: Tournon wurde festgenommen und nach Macau ausgewiesen. Als Papst Clemens IX. 1715 in einer päpstlichen Bulle noch einmal das Verbot der Riten bekräftigte, ließ Kangxi die christliche Mission in China sogar unter Strafe stellen. Einige Jahre zog sich der Streit noch hin, dann ließ Kaiser Qianlong (1711–1799) alle Ausländer des Landes verweisen. Die Jesuiten waren am Ende und mit ihnen das Christentum in China.

Britische Drogenbarone

In den meisten Geschichtsbüchern liest man schnell darüber hinweg: Die größten Drogenhändler der Welt waren im 19. Jahrhundert … die Briten! Tonnenweise verschifften sie Opium aus ihren indischen Kolonien (wo zu diesem Zweck Mohn angebaut wurde) und überschwemmten damit den chinesischen Markt. Von den Abertausenden Drogenabhängigen einmal ganz abgesehen, waren die Folgen auch in wirtschaftlicher Hinsicht enorm: Nach und nach flossen die chinesischen Silbervorräte nach Europa. Verbote und Aufrufe von chinesischer Seite ignorierte man geflissentlich, bis dem Kaiser der Kragen platzte und er 1839 den Gesandten Lin Zexu nach Kanton schickte, um dem Treiben Einhalt zu gebieten. Er ließ 2,5 Millionen Pfund Opium beschlagnahmen und löste damit den sogenannten Opiumkrieg aus. Die chinesischen Truppen erwiesen sich zum eigenen Erstaunen als völlig unterlegen. Bereits 1842 musste sich China geschlagen geben und im Vertrag von Nanjing nicht nur den Drogenhandel zulassen, sondern auch zahlreiche Häfen für den Außenhandel öffnen, Hong Kong Island an Großbritannien abtreten und eine Entschädigung von 21 Millionen Dollar zahlen.

Geht es nach der chinesischen Geschichtsschreibung, war der Opiumkrieg das traumatischste Erlebnis der Neuzeit, das erstaunlicherweise auch heute noch als Begründung für … nun, im Grunde genommen für alles herhalten muss: Das schwierige Verhältnis zum Ausland, die folgenden turbulenten Jahrzehnte, die Ressentiments, die manch ein Politiker gegenüber dem Westen hegt – die Auswahl ist groß und ändert sich ständig.

Shanghais jüdische Wurzeln

Sassoon, Kadoorie, Haroon … Jeder Shanghaier kennt heute die Namen dieser jüdischen Händler-

Familien, die die Entwicklung der Stadt intensiv prägten und quasi im Alleingang die Wirtschaft Shanghais in Schwung brachten – letztlich also maßgeblich daran beteiligt waren, dass der unbedeutende Ort zum wichtigsten Handelszentrum Ostasiens wurde.

Zu Beginn des 19. Jahrhunderts besaß David Sassoon, Bombayer Jude irakischer Herkunft, bereits ein gewaltiges Handelsimperium am Persischen Golf. Als Großbritannien mit dem Opiumkrieg die Öffnung Chinas erzwang, sah er die Gelegenheit, seine Aktivitäten auf das Reich der Mitte auszuweiten. 1844 entsandte er daher seinen Sohn Elias in das nun britische Hongkong, mit der Direktive, den Handel zwischen China und Indien auszubauen. Weisungsgemäß vervielfachte Elias Sassoon die Erlöse des Opium- und Baumwollhandels und brachte den Großteil des Marktes unter seine Kontrolle. 1850 wandte sich Elias Sassoon dem Festland zu und schlug in Shanghai sein Quartier auf. Aus der unbedeutenden Kleinstadt war mittlerweile eine wichtige Hafenstadt geworden, deren laxe Gesetzgebung unter ausländischer Herrschaft viele Möglichkeiten und kaum Beschränkungen bot. Bald ließ er weitere Sephardim, Juden irakischen Ursprungs, aus Bombay nachkommen, die nicht nur als Angestellte das Vermögen der Sassoon-Gruppe vermehrten, sondern sich schnell auch selbst erfolgreich in die Shanghaier Handelswelt emporarbeiteten. Silas Hardoon beispielsweise, der als mittelloser Wachmann im Sassoon'schen Imperium begann, in den Opiumhandel investierte und 1931 als vielfacher Immobilien-Millionär verstarb, oder die Brüder Kadoorie, die ebenfalls als Angestellte Sassoons nach Shanghai kamen und deren Nachfahren heute als eine der reichsten Familien der Welt gelten.

Dass diese Familien in Shanghai heute noch so bekannt sind, liegt jedoch nicht nur an ihrem sagenhaften Reichtum, sondern auch an ihren diversen sozialen Projekten. Als in den 1930ern zahlreiche Juden aus Deutschland vor dem Naziregime nach Shanghai flüchteten (die einzige Stadt der Welt, für die kein Visum notwendig war), machten sich die drei Familien gemeinsam mit dem American Joint Committee daran, zirka 30 000 Heimatlose an Verpflegungsstationen zu verköstigen und ihnen möglichst auch eine Unterkunft zu verschaffen. Für viele Shanghaier eine beindruckende altruistische Leistung, die ihresgleichen sucht und damals nahezu allen Flüchtlingen das Leben rettete.

Als China im Chaos versank

Einen im Westen eher unbekannten, aber erschreckenden Rekord hält der Taiping-Aufstand *taìpíng tīanguó yùndòng* 太平天国运动 (1851–1864): Es wurden nicht nur große Teile Südchinas verwüstet und ganze Städte von der Landkarte gefegt, mit mindestens 20 Millionen Toten (andere Schätzungen gehen von über 30 Millionen aus) handelt es sich auch um den die meisten Opfer fordernden Bürgerkrieg aller Zeiten.

Der Nährboden, auf dem der Taiping-Aufstand entstand, war vielschichtig: Im 19. Jahrhundert wuchs die Bevölkerung enorm. Seit dem Beginn der Qing-Dynastie hatte sie sich fast verdoppelt. Es wurde zunehmend schwieriger, die vielen Menschen zu versorgen. Gleichzeitig ließ der rege Opiumhandel große Mengen Silber ins Ausland fließen und die Inflation ansteigen. Naturkatastrophen und der allgemeine Hass auf die mandschurischen Fremdherrscher der Qing-Dynastie taten ihr Übriges. Es fehlte nur noch der Funke, der das Gemisch entzündete: Er kam in Form eines christlichen Pamphlets in den Händen eines erfolglosen Studenten. Der junge Hong Xiuquan versuchte mehrfach vergebens, die Beamtenprüfung der unteren Ebene zu bestehen, verzweifelte ob seines Versagens und wurde von (wahrscheinlich psychotischen) Visionen geplagt. Unter dem Einfluss christlicher Missionsliteratur hielt er sich für den jüngeren Bruder Jesu, auserwählt, die Menschheit zu retten. Seine Vorstellungen von einem Reich, in dem alle Menschen gleich sind, sprachen die Menschen an, bald kontrollierte der Taiping-Aufstand große Teile Südchinas. Viele seiner Ideen waren revolutionär: Mann und Frau seien gleich, verkündete er, Eigentum müsste gerecht umverteilt werden, die Sklaverei sollte abgeschafft werden. 1851 rief er sich zum Himmelskönig aus und errichtete in den Bergen von Guangxi das Reich des himmlischen Friedens *tàipīng tiānguó* 太平天国. Dass sein Reich nach wenigen Jahren wieder zu bröckeln begann, hatte allerdings ebenfalls mit seinem Geisteszustand zu tun: Hong wurde zusehends paranoider und ließ Tausende als vermeintliche Verräter hinrichten. Als die Qing-Truppen westliche Unterstützung erhielten, brach sein Reich 1864 zusammen – und hinterließ ein geradezu menschenleeres Südchina.

Warum wurde Hongkong an China zurückgegeben?

Aus britischer Sicht entwickelte sich Hongkong Ende des 20. Jahrhunderts zu einem infrastrukturellen Problem: Hong Kong Island, das Kernstück Hongkongs, war zwar seit 1842 Eigentum des britischen Staates genauso wie Kowloon, das das chinesische Reich 1860 abtreten musste, nicht aber die New Territories, die 1898 für 99 Jahre gepachtet worden waren. Der Pachtvertrag lief also 1997 aus. Ohne dieses Hinterland jedoch wäre Hongkong schlicht nicht lebensfähig, nicht zuletzt, weil es auf Hong Kong Island an Wasser fehlt. Auf chinesischer Seite wiederum war man darauf erpicht, die Schmach des Opiumkrieges, dessen direkte Folge die Entstehung der Kolonie Hongkong ja war, endgültig zu tilgen. Bereits 1984 wurde daher der Rückgabevertrag unterzeichnet, der der Stadt jedoch noch bis 2047 weitestgehend Autonomie zusichert.

Für viele Hongkonger gibt es allerdings noch einen ganz anderen, schwerwiegenden Grund, warum Hongkong letztlich wieder an China fiel: Das schlechte Fengshui der Bank of China, die mit ihren Dreiecken auf dem Dach das Government House schwächte und damit letztlich zur Rückgabe führte. Die ebenfalls davon betroffene HSBC Bank war geschickter: Zwei große Metallstangen zeigen auf die Dreiecke und brechen so den negativen Einfluss.

Warum wurde Macau erst 1999 zurückgegeben?

Mehrfach hatten die Portugiesen in den 1960ern und 1970ern bereits versucht, Macau an China abzugeben, doch die chinesische Regierung war wenig interessiert. Ein Spielerparadies, von der Mafia verseucht? Das war kein Schnäppchen wie das reiche Hongkong. Außerdem eignete sich Macau wunderbar, um unter der Hand all die Geschäfte abzuwickeln, die einem sozialistischen Staat nicht gut zu

Gesicht standen. Erst als die Übergabe Hongkongs unter Dach und Fach war – China brauchte dank der Reform- und Öffnungspolitik mittlerweile kein Alibi mehr, um mit dem Westen zu handeln –, wurde der letzte Überrest der kolonialen Ära angegangen. Symbolisch. Man muss allerdings dazusagen: Macau hatte zwischenzeitlich an Attraktivität gewonnen. Der Mafia-Einfluss war zurückgedrängt, die Steuereinnahmen durch das Spielgeschäft so hoch, dass der kleine Stadtstaat als eines der wenigen Länder der Welt völlig schuldenfrei ist und seinen Bürgern sogar jedes Jahr eine Art Überschuss-Beteiligung auszahlen kann.

Das unspektakuläre Ende der Beamtenzeit

1906 wurden die Beamtenprüfungen abgeschafft, da sie nicht mehr zeitgemäß erschienen. Im Rahmen der Selbststärkungsbewegung zu Beginn des 20. Jahrhunderts versuchte China, wirtschaftlich, technisch und wissenschaftlich den Anschluss an den Westen zu finden – die Prüfungen, die ausschließlich die Kenntnis der konfuzianischen Klassiker erforderten, schienen mit einem Male völlig überholt. Bereits 1903 war ein viergliedriges Schulsystem mit Kindergarten, Basisschule, Mittelschule und Hochschule eingeführt worden. An die Stelle der konfuzianischen Texte waren über Nacht Mathematik und andere moderne Fächer getreten.

Warum fand die Revolution ausgerechnet am 10. Oktober 1911 statt?

Pläne, das Kaiserhaus zu stürzen und eine moderne Republik auszurufen, gab es schon lange. Revolutionäre Zellen im gesamten Land und auch in den Chinatowns des Auslands warteten auf den richtigen Moment. Logisch, dass man dafür auch Waffen und eben Bomben brauchte. Beim Bau einer solchen sprengten sich einige Revoluzzer am Abend des 9. Oktobers 1911 in Wuhan versehentlich in die Luft – und verteilten dabei eimerweise kompromittierende Dokumente auf der Straße, darunter auch Mitgliederlisten. In Anbetracht der nun drohenden Verhaftungen blieb ihnen nichts anderes übrig, als Ernst zu machen. Den passenden militärischen Anführer, den Offizier Li Yuanhong, der der Sache der Revolutionäre zugeneigt schien, mussten sie unter dem Bett hervorziehen, wo er sich versteckt hatte, und zur Zusammenarbeit zwingen. Überraschenderweise reagierten die kaiserlichen Truppen eher träge, und bereits drei Tage später kontrollierten die selbst von ihrem Erfolg überraschten Aufrührer die gesamte Stadt Wuhan. Sun Yatsen, der politische Anführer und quasi Gallionsfigur der Bewegung, war zu diesem Zeitpunkt übrigens im Ausland unterwegs und musste Hals über Kopf nach China eilen, um sich zum Präsidenten ausrufen zu lassen.

Sun Yatsen: wichtig und unbedeutend zugleich

Obwohl Sun Yatsen als einer der wichtigsten Politiker des modernen Chinas gilt und auf dem Festland wie auch auf Taiwan verehrt wird, verglühte sein Stern am politischen Himmel extrem schnell: Ganze sechs Wochen war er Präsident der ersten chinesischen Republik, dann musste er gezwungenermaßen wieder abtreten. Der Grund war so frustrierend wie einfach: Er hatte schlicht nicht genug Rückhalt. Bei den Intellektuellen war er bekannt und beliebt, nicht jedoch bei den Militärs und lokalen Machthabern. Auch das abdankende Kaiserhaus versuchte, einen ihnen genehmen Kandidaten durchzusetzen. Die Wahl fiel auf Yuan Shikai, einen General, dem man durchaus zutraute, die Revolution niederzuschlagen. In geschickten Verhandlungen spielte er beide Seiten gegeneinander aus und manövrierte sich so in das höchste Amt: 1912 wurde er zum Präsidenten der jungen Republik ernannt.

Chinas erste demokratische Wahl

Zugegeben, heutige Standards würde sie nicht erfüllen, doch für damalige Verhältnisse war die Wahl der Nationalversammlung im Sommer 1912 spektakulär: Alle Männer über 21 mit Schulbildung und Landbesitz durften an die Urnen treten und rund 3000 Wahlmänner bestimmen, die wiederum die Nationalversammlung wählten. Genützt hat es allerdings wenig: Nur wenige Monate später wurde der Anführer der größten Partei der Guomindang ermordet – wahrscheinlich auf Befehl Yuan Shikais hin, denn dieser sah in den demokratischen Kräften eine Bedrohung für seine Machtbestrebungen.

Chinas verhinderte Dynastie

Das Amt des Präsidenten war General Yuan Shikai offensichtlich nicht genug: 1914 löste er das Parlament auf, ließ die Guomindang verbieten und die Nationalversammlung und Provinzparlamente auflösen. Keine zwei Jahre hatte die erste und bisher letzte Demokratie Chinas gedauert. Sun Yatsen und seine Anhänger waren gezwungen, nach Japan zu flüchten. Doch damit nicht genug: »Warum Diktator bleiben, wenn man auch Kaiser sein kann?«, muss sich Yuan gefragt haben. Im Dezember 1915 ließ er sich zum

Kaiser mit der Regierungsdevise Hongxian ausrufen. Dass er letztlich nicht einmal in die Geschichtsbücher einging (zumindest nicht als Kaiser), ist seinem Tode im März 1916 geschuldet – und dem Widerwillen seiner Kommandanten, die mit der Wiedereinführung der Monarchie nicht einverstanden waren.

Religion und Glück

Buddhismus, Daoismus, Ahnenverehrung – Chinas Religionen sind vielfältig. Und das Beste daran ist: Sie sind nicht exklusiv. Wer Buddhist ist, kann auch Daoist sein, wer die Ahnen verehrt, darf auch für Konfuzius etwas übrighaben – oder einfach zwischen den Religionen wechseln, weil es die Lebenssituation gerade erfordert. So erfreut sich der Buddhismus bei älteren Chinesen großer Beliebtheit, weil er mit seiner Vorstellung vom Paradies eine attraktive Vision für die Zeit nach dem Tod bietet. Was nicht heißt, dass die daoistischen Götter damit abgemeldet wären. Sämtliche Religionsstatistiken sind damit natürlich hinfällig und ergeben nicht selten Werte weit über 100 Prozent. Nur die Christen und chinesischen Muslime tun sich mit dieser laxen Haltung schwer. Vielleicht liegt es daran, dass sowohl Buddhismus als auch Daoismus keine Verkündungsreligionen sind: Es gibt keinen allgemeinen Heilsweg, keine universelle Methode, den Weg zu Gott oder den Göttern zu finden. In diesen Religionen muss jeder selbst seinen Weg suchen, Religion reflektieren und zwischen sich und den Göttern ausmachen, ob und an welche Regeln er sich hält.

Ist Religion in China erlaubt?

Grundsätzlich ja, denn laut Verfassung herrscht Religionsfreiheit. Anerkannte Religionen sind Buddhismus, Daoismus, Islam, Protestantismus und Katholizismus. Grundsätzlich ist es also erlaubt, diesen Religionen anzuhängen. Einige wichtige Einschränkungen gibt es allerdings doch: Missionieren ist verboten, es darf keine Figur geben, die über dem Staat steht (wie beispielsweise den Papst), und es sind nur Versammlungen innerhalb der offiziellen Tempel oder Kirchen erlaubt.

Neue Religionen oder Strömungen, die von der Hauptrichtung abweichen, sind nicht gestattet.

Worum geht es im Daoismus

Um alles – und um nichts. Im Daoismus *dáojiào* 道教 stehen Natur und Universum im Mittelpunkt. Alles hat ein natürliches Gleichgewicht, und jede Handlung hat eine Auswirkung.

Der zentrale Begriff des Dào 道 lässt sich zwar mit »der Weg« übersetzen, doch das trifft es nur zum Teil. Das Dào ist das ewige Prinzip, das allem innewohnt, der Urgrund des Seins. Aus ihm entsteht die Kraft Qi, die wiederum die beiden Gegensätze Yin (das Dunkle, Feuchte, Weiche, die Erde) und Yang (das Helle, Trockene, Harte, der Himmel) hervorbringt. Die ganze Welt wird als ewiger Kreislauf im Spannungsfeld dieser beiden Pole verstanden, die sich gegenseitig bedingen.

Dazu passt die grundlegende Maxime des *wú wéi* 无为. Nicht handeln, nichts verändern, das Gleichgewicht des Universums bewahren – so ungefähr ließe es sich übersetzen. Typisch für den Daoismus ist die kurze Geschichte von Zhuangzi: Der träumte, ein Schmetterling zu sein, und nach dem Aufwachen nicht wusste, ob er ein Mensch ist, der träumte, ein Schmetterling zu sein, oder ein Schmetterling, der träumte, ein Mensch zu sein.

Regeln und Gebote sucht man im Daoismus vergebens, das Grundlagenwerk Daodejing des Philosophen Laozi ist nicht dicker als eine Broschüre. Ursprünglich eine reine philosophische Schule, wurde der Volksdaoismus erst im Laufe der Jahrhunderte mit Göttern »befüllt«, von denen es so viele gibt, dass die Anzahl der Götter häufig mit der symbolischen Anzahl zehntausend angegeben wird.

Die wichtigsten Götter des Daoismus

Das daoistische Pantheon ist wie eine große hierarchische Behörde angeordnet: Jeder Gott hat seinen Zuständigkeitsbereich und natürlich eine gewisse

Position, die jedoch je nach Region variiert. Einige Götter sind besonders wichtig, andere wiederum eher nutzlos und daher auch wenig beachtet.

An der Spitze des Pantheons stehen der Jadekaiser und die drei Reinen *sānqīng* 三清, zu denen auch der Philosoph Laozi zählt. Von den Gläubigen werden sie jedoch nur selten direkt angesprochen, denn sie sind viel zu wichtig oder beschäftigt. Im Alltag weitaus bedeutsamer ist der Erdgott *tǔdì gōng* 土地公, der unter anderem für die Landwirtschaft zuständig ist, oder der Küchengott *Zàojūn* 灶君, der einmal im Jahr dem Jadekaiser Bericht erstattet. Generell gehen Daoisten oft recht pragmatisch vor: Statt die obersten Chargen zu belästigen, sucht man sich besser einen Stadt- oder Dorfgott, der sich noch über Zuwendungen freut und Einsatz zeigt. Sind die Gläubigen mit den Leistungen unzufrieden, kann ein Gott jedoch auch ausgetauscht werden. Dort wo die chinesische Kultur engen Kontakt mit anderen Kulturen pflegt, also beispielsweise in Singapur oder Malaysia, finden auch Götter aus anderen Religionen mitunter ihren Weg in den daoistischen Tempel. Wenn sie gute Arbeit leisten, so das Credo, sind sie allemal willkommen.

Om!

Chinesische Buddhisten haben es um einiges leichter als ihre thailändischen Pendants. Ihre Variante gehört zum Mahayana, dem großen Fahrzeug. Und dies heißt nicht von ungefähr so. Hier finden alle Gläubigen Platz, jeder soll mit, wenn es in die ewigen Gefilde geht. Sogenannte Bodhisattwas, Wesen, die die Erleuchtung praktisch erlangt haben, verzichten erst einmal auf den letzten Schritt, um allen anderen Menschen zu helfen, den Kreislauf der Wiedergeburten zu durchbrechen. Ihnen ist jeweils ein heiliger Berg gewidmet.

Innerhalb des chinesischen Buddhismus *fójiào* 佛教 gibt es zahlreiche Strömungen. Eine der wichtigsten ist die Schule des Reinen Landes. Sie lockt vor allem mit dem einfachen Weg ins Paradies: Es genügt, mit reinem Herzen den Namen Buddhas auszusprechen, um ins Paradies einzugehen.

Wer ist die weiße Maria?

In fast allen buddhistischen Tempeln Chinas findet man eine marienähnliche Frauengestalt, die *Guānyīn* 观音. Handelt es sich am Ende um einen christlichen Import? Doch das ist reiner Zufall. Auch sie ist eine Bodhisattwa, die für die Menschen erst einmal darauf verzichtet, ins Nirwana einzugehen. Die Guanyin, eine der beliebtesten heiligen Figuren Asiens, gilt als besonders mildtätig. An sie wenden sich alle kummerbeladenen. Ursprünglich war die Guanyin übrigens ein Mann. Um auch den Frauen helfen zu können, die sich einem Mann nur ungern anvertrauen wollten, soll er / sie Buddha um einen Geschlechtertausch gebeten haben.

Warum gibt es so wenige Vegetarier?

Als Buddhisten müssten die meisten Chinesen Vegetarier sein. Theoretisch, denn wie so viele Aspekte muss man auch die Entscheidung für oder gegen den Fleischkonsum mit sich selbst ausmachen.

Tiere töten möchten allerdings die wenigsten, das ist ganz sicher nicht gut fürs Karma. Aber wenn das Tier nun schon mal tot ist und das Fleisch auf dem Markt angeboten wird, wäre es wirklich Verschwendung, das Fleisch nicht zu genießen!

Wie erkennt man den Unterschied zwischen einem buddhistischen und einem daoistischen Tempel?

Was auf Anhieb ganz einfach klingt, erweist sich in der Realität oft als vertrackte Angelegenheit. Auch in buddhistischen Tempeln findet man oft daoistische Götter oder eine kleine Konfuzius-Ecke. Gerade weil die Chinesen sich in Sachen Religion so tolerant zeigen, muss man schon genau hinschauen, um herauszufinden, welche Glaubensschule die Andachtsstätte ursprünglich gebaut hat.

	Buddhismus	**Daoismus**
Eingang	Vier Himmelswächterstatuen, je zwei rechts und links	Drache und Tiger am Eingang, als Bild oder Statue, oder diverse Türwächter
Farben	Pfeiler und Holz, vor allem in Rot gehalten	Pfeiler und Holz, vor allem in Schwarz gehalten
Personal	Mönche oder Nonnen in Gelb gekleidet, Köpfe geschoren, wohnen im Kloster	Priester in Grau gekleidet, leben teils als Priester auf dem Gelände (Nordchina), teils wohnen sie außerhalb des Tempels und dürfen heiraten (Südchina)
Figuren	Hauptsächlich Buddha-Statuen	Viele verschiedene Statuen, je nachdem, welche Götter lokal besonders wichtig sind

Name	Endet meist auf sì 寺	Endet meist auf gōng 宫 oder miào 庙
Haupthalle	Große Buddha-Statue	Der Jadekaiser und die »Drei Reinen«, Yuánshǐ Tiānzūn 元始天尊 Língbǎo Tiānzūn 灵宝天尊 und der Religionsstifter Lǎozi 老子

Heilige Berge

Berge, als Berührungspunkte zwischen Erde und Himmel, spielen in vielen Religionen eine ganz besondere Rolle. Auf die Daoisten üben sie nicht zuletzt eine besondere Faszination aus, weil sich die Gläubigen hier ungestört zurückziehen und meditieren können, die Buddhisten wiederum vermuten in den Bergen die Heimat der Bodhisattwas.

Buddhismus

Berg	**Ort/ Provinz**	**Sitz welcher Bodhisattwa**
Eméishān 峨嵋山	Sichuan	Puxian
Wǔtáishān 五台山	Shanxi	Wenshu
Jiǔhuàshān 九华山	Anhui	Dizang

Pǔtuóshān 普陀山	Insel nahe Shanghai, Zhejiang	Guanyin

Daoismus

Berg	**Provinz**	**Steht für die Himmelsrichtung**
Tàishān 泰山	Shandong	Osten
Héngshān 衡山	Hunan	Süden
Sōngshān 嵩山	Henan	Mitte
Huàshān 华山	Shaanxi	Westen
Héngshān 恒山	Shanxi	Norden

Ist der Konfuzianismus eine Religion?

Ja, nein, ein bisschen: Auch wenn der Konfuzianismus meist in einem Atemzug mit den Religionen genannt wird, ist er genau genommen eher eine philosophische Schule. Vieles, was eine Religion ausmacht, gibt es im Konfuzianismus nicht: Götter, eine Vorstellung vom Jenseits, einen Schöpfungsmythos, das Gebet – Fehlanzeige! Nicht einmal eine richtige Belohnung für gutes Verhalten wird hier versprochen. Alles, wofür der Konfuzianismus steht, bezieht sich auf das Diesseits und das Leben der Menschen miteinander. Das Jenseits überließ Konfuzius der Ahnenverehrung, die man getrost als separate und weitaus ältere Religion betrachten darf. Dennoch gibt es zahlreiche Konfuzius-Tempel, in denen der alte Meister verehrt wird – als Weiser und als Vorbild. Doch Gläubige sucht man hier meist vergebens. Nur kurz vor der großen Universitätsaufnahmeprüfung erinnert man sich gern seiner Expertise und bringt ihm wie einem daoistischen Gott Opfer. Es kann ja schließlich nicht schaden, einen ausgewiesenen Bildungsexperten auf seiner Seite zu haben.

Chinas unsichtbare Welt

Wer glaubt, dass sich die irdischen Probleme und Bedürfnisse nach dem Tod in nichts auflösen, liegt im chinesischen Kulturraum falsch. Auch im Jenseits will der Geist essen und trinken, sich der Annehmlichkeiten der modernen Technik erfreuen und sich mit Statussymbolen schmücken. Im Grunde ist das Jenseits ein schattenbildliches Abbild des Diesseits. Dort wie hier muss mitunter auch ordentlich geschmiert werden. Zum Beispiel, um möglichst schnell aus dem Purgatorium entlassen zu werden, das die Seele durchlaufen muss, bis sie in der Transzendenz angekommen ist, denn die dafür verantwortlichen Götter können die Aufenthaltsdauer verkürzen. Letztlich geht es im Ahnenglauben also gar nicht darum, ob man auf Erden ein guter Mensch war, sondern darum, ob man seinen Reichtum ins Jenseits retten kann.

Doch wie versorgt man seine Ahnen mit dem Nötigsten? Hier kommen die Ahnenopfer ins Spiel. Man huldigt seinen Vorfahren vor dem häuslichen Ahnenaltar, bietet ihnen Speisen und Räucherstäbchen dar. Zu besonderen Feiertagen darf es auch etwas mehr sein: Dann verbrennen die Nachfahren dicke Bündel von Totengeld – vorsichtshalber sind die Imitate oft auf US-Dollar ausgestellt, da man dieser Währung die größtmögliche Gültigkeit zutraut – und Nachbildungen beliebter Luxusgegenstände wie Handys oder Computer aus Papier. Im Grunde lässt sich per Feuer-Überweisung so ziemlich alles ins Jenseits transferieren.

Wie passt der Ahnenglaube zum Buddhismus?

Das buddhistische Paradies und das Jenseits des Ahnenglaubens müssen sich nicht ausschließen. Letztlich weiß ja niemand so ganz gewiss, was einen nach dem Tode erwartet, so dass in vielen Familien irgendwie beides gilt. Man hofft auf ein buddhistisches Paradies, schickt aber dem verstorbenen Familienmitglied für alle Fälle auch Papieropfer, es schadet schließlich nicht! Interessanterweise gibt es auch in buddhistischen Tempeln Opferöfen, in denen Totengeld verbrannt werden kann.

Wie wird man Dämon?

Nach traditioneller chinesischer Vorstellung besitzt der Mensch eine geteilte Seele. Sie besteht aus der Geistseele *Hún* 魂 und der Körperseele *Pò* 魄, die sich wie Yin und Yang ergänzen. Ist der Mensch gestorben, lösen sich die Seelen voneinander und gehen getrennte Wege: Hun entfleucht sofort gen Himmel und wird fortan als Ahne verehrt. Po dagegen bleibt beim Körper und wird mit ihm beerdigt. Eines haben die beiden jedoch gemeinsam: Kümmert man sich nicht um sie, lässt man die Grabpflege schleifen und bleiben die Opfer aus dem Diesseits aus, dann verwandeln sich auch friedliche Geister in Dämonen, die dem Menschen viel Unheil bringen. Hatte der Verstorbene zum Zeitpunkt des Todes im übertragenen Sinne noch eine Rechnung offen, zum Beispiel weil er eines gewaltsamen Todes gestorben ist, können sich die Seelen nicht vollständig lösen. Auch dies scheint im Reich der Geister ein Garant für schlechte Laune.

Was hilft gegen Dämonenkontakt?

Logisch, dass niemand in China mit Dämonen etwas zu tun haben will, denn sie verursachen Unfälle und bringen Unglück. Anders als westliche Geister, die sich brav auf ihren Auftritt zwischen Mitternacht und ein Uhr beschränken, mit ein paar Ketten rasseln und sich manchmal sogar als recht liebenswürdige Gestalten erweisen, sind chinesische Dämonen einfach nur böse. Gott sei Dank haben Dämonen und Geister jedoch einige Defizite, die dem Menschen helfen, ihnen aus dem Weg zu gehen:

- Geister und Dämonen können nur geradeaus laufen. Zickzackbrücken sind deshalb ein unüberwindliches Hindernis. An vielen Palästen und Tempeln gibt es deswegen Geistermauern, die parallel zum Tor gebaut werden. Der Besucher muss nun einen kleinen Schlenker machen, um das Gelände zu betreten. Dämonen können das jedoch nicht.
- Genauso können Dämonen die Füße nicht heben. Hohe Türschwellen hindern das jenseitige Gesindel daran, ins Haus zu kommen.
- Kleine Spiegel an der Eingangstür machen die Dämonen neugierig. Wenn sie hineinblicken, erschrecken sie sich jedoch vor sich selbst.
- Rote Banderolen mit glückverheißenden Sprüchen

rechts und links der Tür mögen sie ebenfalls nicht, denn die Farbe Rot schreckt sie ab.

- Türwächterfiguren und Löwenstatuen wehren ebenfalls schlechte Einflüsse ab.

Striptease fürs Jenseits

Treffen Reisende auf dem Lande auf einen Beerdigungszug, staunen sie mitunter nicht schlecht, denn hier und da ziehen die Trauernden zur Freude der Menge einen kleinen Wagen mit Musik und einer Stripperin mit sich. Wer dahinter eine tiefgründige religiöse Begründung vermutet, liegt falsch, es geht um die bloße Unterhaltung: Je mehr auf der Beerdigung geboten wird, desto mehr Menschen kommen. Und das wiederum gibt der Familie Gesicht. Und mal ehrlich: Könnte Opa sehen, welche heißen Damen sich da entblättern, es hätte ihm wohl auch gefallen.

Wem dies nicht gefällt, ist allerdings auch recht klar: der Regierung. Seit 2015 sind Striptease-Darbietungen auf Begräbnisumzügen eigentlich verboten. Andererseits: Wo kein Kläger, da kein Schuldiger. Gerade auf dem Lande stehen die Chancen gut, dass der Dorfpolizist sich einen Dreck um das Verbot schert und fröhlich mitfeiert. Vor allem, wenn der Verstorbene ein hohes Alter erreicht hat, also mindestens 80 Jahre geworden ist, werden Beerdigungen nicht zwingend eine düstere Angelegenheit, sondern ein Grund, eben just jenen Umstand zu feiern.

Ist Falungong eine Religion?

Darauf gibt es keine eindeutige Antwort. Die Falungong-Bewegung stellt sich selbst als Qigong-Schule dar, die mit meditativen Praktiken und Körperübungen den Menschen kultiviert. Anfang der 1990er verbreitete sie sich rasant schnell in China und kam in Spitzenzeiten nicht nur auf mindestens 70 Millionen Mitglieder, teils auch in Parteikreisen, sondern war auch öffentlich sehr präsent. Damit war sie Partei und Staat nach ersten positiven Einschätzungen schnell ein Dorn im Auge: Mehr Mitglieder als die Kommunistische Partei zu haben ist in China nicht der Weg zum Erfolg.

Zudem enthalten die Texte des Religionsgründers Li Hongzhi einige problematische Passagen zur »Rassenvermischung« und versprechen Aussicht auf Heilung verschiedener Krankheiten durch Meditation. Als im April 1999 rund 10 000 Falungong-Mitglieder in Beijing für die Anerkennung als Vereinigung demonstrierten, schlug die Stimmung um: Der Kult wurde in China verboten, und seine Mitglieder werden seither brutal verfolgt. Viele von ihnen verschwanden in Arbeitslagern. Dass sich das nicht mit der westlichen Auffassung von Menschenrechten verträgt, ist klar und nicht diskutierbar. Freilich bekleckern sich auch die Falungong-Organisationen oft nicht mit Ruhm im Umgang mit Kritikern. Journalisten und Autoren, die außerhalb Chinas negativ über Falungong schreiben, berichten immer wieder von Drohungen und versuchter Einflussnahme, indem die Ablehnung von Falungong mit der Akzeptanz von Folter gleichgesetzt wird.

Gibt es Christen in China?

Ja, und das nicht zu knapp. Offiziell leben in China 23,5 Millionen Protestanten und 5,5 Millionen Katholiken. Doch das ist nur ein kleiner Ausschnitt, denn diese Zahlen bilden nur die Mitglieder der staatlichen Kirchen ab. Weitaus mehr sind in Untergrundkirchen oder Hauskirchen organisiert, die mehr oder minder von den Behörden nur geduldet werden, wenn sie nicht allzu offen auftreten. Sie widersetzen sich der staatlichen Kontrolle und sind damit aus Regierungssicht ein »Unruhefaktor«. Immer wieder werden ihre Gotteshäuser zerstört, ihre Mitglieder verhaftet und teils zu langen Haftstrafen verurteilt. Zudem bewegen sich viele von ihnen in einer Grauzone zwischen Christentum und anderen Heilslehren.

Logisch also, dass es keine verlässlichen Zahlen gibt. Seriöse Schätzungen gehen jedoch von 70 Millionen Protestanten und 12 Millionen Katholiken aus. Für Letztere ist der Unterschied zwischen staatlicher christlicher Institution und Untergrundkirche besonders groß: In den staatlichen Kirchen ist es untersagt, den Papst zu verehren, logisch, dass er daher auch nicht die chinesischen Bischöfe ernennen darf – ein ziemlich grundlegender Eingriff in die Glaubensinhalte, die sich viele Gläubige schlicht nicht vorschreiben lassen möchten.

Mit Wind und Wasser zum Glück

Lange Zeit galt *fēngshuǐ* 风水, die Lehre von »Wind und Wasser« unter den Kommunisten als bourgeoiser Aberglaube. Seit den 1990ern kehrt sie jedoch wieder zurück und ist mit jedem Jahr ein wenig sichtbarer – auch wenn sie offiziell noch immer zu den unerwünschten Manifestationen des Aberglaubens zählt. Kernbestreben dieser chinesischen Geomantik ist es, Gebäude, Straßen, Gärten und sogar die Wohnungseinrichtung so anzulegen, dass die Lebensenergie Qi gut fließen kann und keine schlechten Einflüsse eindringen können. Fengshui-Meister gehören heute wieder zu den Großverdienern und sind bei der Planung von Hochhäusern und Geschäftszentralen genauso dabei wie beim Bau manch eines Eigenheims. Manch eine Fengshui-Regel ist dabei durchaus nachvollziehbar: Die Eingangstür sollte nach Süden und keinesfalls nach Norden zeigen – klar, denn dort würde im Winter der kalte Wind hineinwehen. Auch die ideale Position eines Wohnhauses – zum Meer gewandt, im Rücken einen Berg – klingt nach einer guten Aussicht. Andere Regeln sind eindeutig mit dem chinesischen Volksglauben verbunden: So sollen beispielsweise Wohnhäuser nie am Ende einer Sackgasse gebaut werden, denn hier müssen Dämonen, die per se nur geradeaus laufen können, zwangsläufig einkehren. Auch Eingangstür und Wohnhaustür sollten aus diesem Grund nicht in einer Linie liegen.

Besonders deutlich ist der Einfluss des Fengshui übrigens in Hongkong sichtbar. Das Paradebeispiel ist das große Hochhaus mit Loch an der Repulse Bay, wo der Sage nach die Drachen von Kowloon zum Wasser gehen. Damit ihnen dies trotz der Hochhäuser weiterhin möglich ist, wurde über mehrere Stockwerke eine Lücke gelassen, durch die die Drachen nun schlüpfen können.

Geld bekommen, Geld behalten

Wer glaubt, reich zu werden habe nur mit Fleiß zu tun, irrt. Zumindest in China. Man muss das Geld zu sich locken, es anziehen. Angefangen bei der winkenden Katze, die dem Geld den Weg weist, bis zu Zimmerbrunnen, die das Geld quasi in die Wohnung spülen sollen, gibt es allerhand Tricks, den Mammon anzulocken. Und natürlich Methoden, ihn gleich wieder loszuwerden. So sollte man nicht den Klodeckel offen stehen lassen und den Stöpsel des Waschbeckens immer verschließen. Alles andere ist geradezu fahrlässig, denn mit dem Wasser fließt auch das Geld ab.

Das Glück fangen

Das Glück *fú* 福 scheint ein scheues Tier zu sein: Man kann es anlocken und vertreiben, und es gibt Hunderte Methoden und Mittel, sicherzugehen, dass es bleibt.

Den ersten Schritt ins glückbringende neue Jahr macht man in China mit der passenden Dekoration: Glückszeichen – zum Beispiel ein 福 auf rotem Hintergrund, in Gold gedruckt und allerhand kitschiger Verzierung – weisen dem Glück den Weg. Oft wird das Zeichen auch auf den Kopf gestellt aufgehängt, denn *dào* 倒 »auf den Kopf stellen« wird genauso ausgesprochen wie *dào* 到 »ankommen«. Nur für den Fall, dass das Glück nicht so recht weiß, was es tun soll, gibt man ihm damit noch einen kleinen Schubs.

Nach einem ähnlichen Prinzip funktioniert die Glückskatze, die einst aus China nach Japan exportiert wurde und mittlerweile den Weg zurück gefunden hat. Ursprünglich steht sie mit erhobener Pfote da, mittlerweile verlässt man sich aber lieber auf die batteriebetriebene Variante, die mit der Pfote winkt. Nicht, dass das Glück einfach vorüberläuft und den Katzenbesitzer übersieht!

Farbenspiel

Ob das Glück einkehrt oder nicht, hat auch ein wenig mit den richtigen Farben zu tun. Die Farbe Rot lockt das Glück an und schreckt Dämonen ab. So ist für viele Chinesen klar: Zum Neujahrsfest muss es eine rote Unterhose sein. Alternativ tun es auch rote Socken – oder eben ein Kostüm ganz in Rot. Auch viele Verzierungen sind rot, genauso wie die Partei. Logisch, Rot ist die Farbe des Kommunismus, der Kommunistischen Partei mag dies in China jedoch sehr gelegen sein, hat sie doch eine rundum glücksbringende Farbe gepachtet. Doch auch die anderen Farben sind kulturell belegt: Gelb ist die Farbe des

Kaisers, der chinesischen Kultur und der Mönche. Sie ist dem Gold nahe und wird deshalb auch mit Wohlstand assoziiert. Allerdings steht Gelb auch für die Prostitution.

Grün (das oft nicht von Blau unterschieden wird) mag erholsam wirken, hat aber auf jeden Fall einen negativen Aspekt: Grün ist die Farbe der Eifersucht, wer »eine grüne Mütze« trägt, outet sich als betrogener Ehemann. Auch die Farbe Weiß, im Westen rundum positiv, löst in China negative Assoziationen aus, sie steht für Trauer, Tod und die Geisterwelt. Die weiße Taube ist gar ein Todesbote, den niemand auf dem Dach haben möchte.

Freizeit: Wenn Chinesen mal nicht arbeiten

Chinesen sind unermüdliche Arbeiter, immer fleißig, immer darauf bedacht, möglichst viel Geld zu verdienen.

So stellen wir uns im Westen die chinesischen Arbeitnehmer vor. In der Tat sehen Chinesen ihre Arbeit oft positiver als westliche Menschen und nehmen es mit der Trennung von Arbeit und Freizeit nicht so genau. Dennoch – oder vielleicht gerade deshalb? – scheint man in China weniger Burnout-anfällig zu sein. Zwischen Arbeit und Leben verläuft keine Trennlinie, Arbeit ist Leben, und wenn der chinesische Geschäftsmann am Ende eines harten Tages aufs Kissen sinkt, lautet das Fazit meist nicht »viel Stress gehabt«, sondern »gut verdient«.

Sicher, das ist grob verallgemeinert. Trotzdem kann man sagen, dass der Anspruch an den persönlichen Freiraum, die individuelle Komponente des Lebens in Asien ein gutes Stück geringer ist, als in Europa. Nichtsdestotrotz gibt es auch für die Menschen in China ein Leben nach der Arbeit. Doch wie füllen sie es aus?

Der Park, das erweiterte Wohnzimmer

Chinesische Parks sind bei gutem Wetter so voll, dass sich manch ein ausländischer Besucher verwundert fragt, welches Volksfest denn hier gerade stattfindet. Für viele Senioren ist es selbstverständlich, morgens in den Park zu gehen und erst bei Sonnenuntergang wieder nach Hause zurückzukehren. Aber auch jüngere Menschen sind abends im Park unterwegs. Um den Genuss des Grünen geht es nur zweitrangig: Der Park ist eine Mischung aus erweitertem Wohnzimmer (denn die eigenen Wohnungen sind oft sehr klein), Club und Nachbarschaftstreff. Wer ein Instrument spielt, findet hier Anschluss an lokale Musikgruppen, andere tanzen zu Rhythmen aus Ghettoblastern, wenige Meter weiter trällern Hobbysänger klassische Opern. »Ruhe« ist daher kein Begriff, den man mit chinesischen Parks assoziieren würde. Wenn partout keine Grünfläche in der Nähe ist, tut es übrigens auch ein öffentlicher Platz: Auch hier wird getanzt und musiziert, allerdings nicht immer zur Freude der Anwohner.

Ein Nickerchen in Ehren …

China ist voll von schlafenden Menschen. Rikscha-Fahrer schnarchen am Straßenrand zusammengerollt auf dem Passagiersitz ihrer Gefährte, Bankangestellte kippen kollektiv zur Mittagspause einfach am Schalter vorneüber, und auch im Park ist manch eine Bank von erschöpften Angestellten belegt. Ein Schläfchen in Ehren, gern auch in der Öffentlichkeit, da ist nichts Schlechtes dran. Selbst im Unterricht oder während Vorträgen lassen viele den Kopf auf die auf dem Tisch verschränkten Arme sinken und schlummern selig.

Viele Chinesen besitzen zudem die beneidenswerte Eigenschaft, selbst kurze Taxifahrten für einen Minutenschlaf zu nutzen. Den Kopf in den Nacken gelegt, scheinen sie Sekunden nach der Abfahrt wie ausgeknipst. Sobald das Taxi anhält, kippt der Kopf von selbst wieder nach vorn, als wäre nichts gewesen.

Was ist ein Ikea-Schläfchen?

1998 wurde die erste Ikea-Filiale in China eröffnet, mittlerweile sind es über 20 Möbelhäuser. Beliebt ist das schwedische Möbelhaus allemal: Um die 30 000 Besucher flanieren täglich allein durch das Beijinger Möbelhaus. So entspannend ist es dort (trotz allem Krach, den diese 30 000 Menschen so mit sich bringen), dass viele hier sogar ein Nickerchen machen. *yíjiā wǔjiào* 宜家午觉 – der Ikea-Mittagsschlaf – ist auf Chinesisch mittlerweile ein feststehender Begriff. Andere nutzen die Gelegenheit, Selfies in europäischer Wohnatmosphäre zu machen, ein kleines Picknick zu veranstalten oder an einem der vielen Schreibtische fürs Examen zu lernen. Die Ikea-Manager nehmen es gelassen – eine Haltung, die sich auszahlt, denn das Wort »Ikea« ist rundum positiv besetzt. Gemütlich eben!

Sich um die Gesundheit kümmern

Die traditionelle chinesische Medizin (TCM) mit ihren Kräutern, Akupunkturnadeln und Massagetechniken hat es längst nach Europa geschafft. Ein Aspekt wird jedoch oft übersehen: Die TCM setzt ein, lange bevor der Mensch erkrankt. Im Grunde genommen geht es hauptsächlich darum, gesund zu bleiben und Krankheiten gar nicht erst eine Chance zu geben. Wichtige Maßnahmen sind Bewegungsübungen und Spaziergänge im Park, die die Lebensenergie Qi fördern sollen. Wer sich frühmorgens oder spätabends unter die Spaziergänger mischt, trifft allerhand vermeintlich Durchgeknallte, die wild mit den Armen rudern, hier und da seltsame Laute ausstoßen oder Runde um Runde rückwärts um den Park kreisen. All dies geschieht natürlich für das »Qi«.

Buchmarkt China

Rund 580 Buchverlage gibt es in China. Das klingt erst einmal ziemlich wenig, immerhin ist es das viertgrößte Land der Welt. Der Grund dafür ist leicht auszumachen: Um einen Verlag zu eröffnen, muss man einen extrem langatmigen Genehmigungsprozess durchlaufen, rein private Verlagshäuser sind bis heute theoretisch nicht gestattet. Da wundert es nicht, dass alle 580 Verlage in staatlicher Hand sind. Gibt es also keine anderen Verlage? Doch – nur heißen sie eben nicht so. Stattdessen firmieren sie als »Kulturagenturen«. Das Problem ist: Wie auch in Europa braucht jedes Buch eine ISBN-Nummer, damit es in den Buchläden verkauft werden darf – und diese Nummern werden nur den offiziellen Verlagen zugeteilt. Mittlerweile hat sich daher ein regelrechter Schwarzmarkt für ISBN-Nummern etabliert, auf dem die großen Verlage die Nummern an ihre kleineren, inoffiziellen Konkurrenten verkaufen. An diesem Punkt setzt übrigens auch die Zensur an: Nur überprüfte Bücher bekommen eine ISBN-Nummer.

Interessanterweise ist ein Großteil der offiziellen Verlage in Beijing angesiedelt: 40 Prozent aller chinesischen Verlage haben ihre Zentrale in der Hauptstadt. Meist sind dies Verlage von Ministerien oder anderen staatlichen Institutionen.

Weitere 7 Prozent sind in Shanghai angesiedelt,

der Rest verteilt sich auf die restlichen Großstädte Chinas. Traditionell haben Chinas Verlage einen klaren inhaltlichen Schwerpunkt. Erst in den letzten Jahren hat sich diese Fokussierung etwas aufgeweicht.

Autoren, die die staatliche Zensur umgehen wollen, entscheiden sich oft für eine Online-Veröffentlichung. Das ist nicht nur erheblich günstiger, sondern erhöht auch die Chancen, kritische Inhalte zu verbreiten. Auch hier sind natürlich die Zensoren unterwegs, müssen sich aber aufgrund der schieren Fülle an Veröffentlichungen auf Stichproben beschränken.

Wie viele Bücher werden in China verlegt?

Weltweit steht China mit 450 000 Titeln pro Jahr (etwas mehr als die Hälfte davon Neuerscheinungen) an erster Stelle. Insgesamt 8,3 Milliarden Bücher wurden 2015 im Reich der Mitte gedruckt.

Welches Buch wurde am besten verkauft?

Chinas Bestseller auf dem Buchmarkt kommt praktisch ohne Text aus: Das Erwachsenen-Malbuch »Secret Garden« von Johanna Basford, das auch in Europa ein großer Erfolg war, stand 2015 bei den wichtigsten Internet-Buchhändlern Chinas monatelang auf Platz 1. Obwohl es keine genauen Zahlen gibt, dürften mindestens sechs Millionen (legale) Kopien verkauft worden sein.

Wenn es um Bücher mit Text geht, sieht es schon anders aus. Hier kommt die Fiction-Top-Ten von Amazon China – sofern der Titel noch nicht ins Deutsche übersetzt wurde, ist der englische Titel angegeben:

1. »解忧杂货店« (The Unworried Store) von Higashino Keigo
2. »Die Widerspenstigkeit des Glücks« von Gabrielle Zevin
3. »Was ich euch nicht erzählte« von Celeste Ng
4. »Die drei Sonnen« von Liu Cixin
5. »古董局中局« (Web of Deceit) von Ma Boyong
6. »Der Drachenläufer« von Khaled Hosseini
7. »Siddhartha« von Herman Hesse
8. »Die Abenteuer des Sherlock Holmes« von Sir Arthur Conan Doyle
9. »Der Marsianer« von Andy Weir
10. »大秦帝国« (The Qing Empire) von Sun Haohui

Feiertag der Bücher

Heute dürften sich dank Klimaanlagen und Heizung nur noch wenige Chinesen daran halten, von der Zeit der Han-Dynastie bis ins 20. Jahrhundert jedoch wurde der »Sonnentag« der Bücher von chinesischen Bibliothekaren regelmäßig begangen. Am siebten Tag des siebten Monats des Mondkalenders (im Norden) beziehungsweise an einem je nach lokalem Klima wechselnden Termin im August oder September im Süden wurden die Bücher der privaten und staatlichen Bibliotheken gelüftet und der Sonne ausgesetzt. (»Lüften« oder »Sonnen« der Bücher, *shàishū* 曬書, *pùshū* 曝書 oder auch *liàngshū* 晾書). Der Grund war nicht religiöser Natur, sondern eine rein präventive Maßnahme, die die kostbaren Werke vor Schädlingsbefall und Schimmel schützen sollte.

Copyright? Brandneu!

Reisende, die die Volksrepublik noch aus der Zeit vor 1991 kennen, erinnern sich: In den großen chinesischen Buchhandlungen lagen oft westliche Werke in schlechter Qualität und zu erstaunlich niedrigen Preisen aus: Von klassischer Literatur bis zu wissenschaftlichen Werken und Wörterbüchern reichte das Spektrum dieser seltsamen Ausgaben.

Das Geheimnis dahinter: Es waren Raubkopien, herausgegeben von staatlichen Verlagen. Zumindest aus westlicher Sicht. In der Volksrepublik dagegen war dieses Vorgehen legal, denn es gab schlichtweg kein Copyright. Erst 1991 wurde das passende Gesetzeswerk geschaffen, und die Raubkopien verschwanden nach und nach aus den Regalen.

Kino boomt

China ist dem Westen in technischer Hinsicht oft weit voraus, zumindest was die Akzeptanz der Technik im Alltag angeht. So waren DVD-Player und natürlich auch die silbernen Scheiben selbst in China schon längst Normalität, als die ersten DVDs im Westen noch argwöhnisch beäugt wurden. Filme zu Hause ansehen, dank regem Schwarzmarkt manchmal sogar schon vor dem offiziellen Kino-Start, ist in China Alltag. Und dennoch: Das Kino boomt. Derzeit gibt es im ganzen Land rund 24 000 Kino-Leinwände, 830 Millionen Tickets wurden 2014 verkauft und mehr als 600 Filme produziert. Der erfolgreichste Film 2014 war »3D-Transformers – Age of Extinction«. Was nicht nur am Spannungsbogen gelegen haben dürfte, sondern auch daran, dass Teile des Films in China gedreht wurden.

Chinesisch musizieren

Musik spielt auch in China eine große Rolle. In nahezu jedem Park findet sich ein Freizeitorchester, das traditionelle Stücke aufführt. Doch was macht chinesische Musik eigentlich so … chinesisch? Im Grunde ist der Unterschied gar nicht so groß: Zwei Töne fehlen in der chinesischen Musik, das F (Fa) und das H (Si), es handelt sich um eine pentatonische Musik. Die Auswahl der Instrumente tut ihr Übriges. Zu einem klassischen Ensemble gehören meist:

Pípá 琵琶
Das viersaitige Instrument ähnelt der europäischen Laute und wird im Sitzen gespielt.

Erhú 二胡
Eine viersaitige Geige, die in der Hand von Laien zur akustischen Waffe wird.

Gǔqín 古琴
Die siebensaitige Zither ist rund 3000 Jahre alt.

Gǔzhēng 古筝
Die 21-saitige Zither ist quasi eine erweiterte Guqin. Klanglich ist sie das absolute Gegenstück zur Erhu-Geige, denn es ist nahezu unmöglich, der Guzheng Misstöne zu entlocken. Mit diesem Instrument kön-

nen sich westliche Hörer besonders schnell anfreunden.

Dízi 笛子
Äußerlich ähnelt sie der Blockflöte, besteht jedoch aus Bambus und besticht durch einen sehr weichen Klang.

Warum singen Chinesen auf der Straße oder im Bus?

Man könnte auch einfach fragen: Warum nicht? Laut singen ist nicht peinlich, auch wenn man nicht immer den richtigen Ton trifft. Ohnehin gehört das Karaoke-Singen zu den beliebtesten Freizeitbeschäftigungen. Kein Wunder, dass viele Chinesen erstaunlich gut singen. Die europäische Scheu vor dem öffentlichen Solo-Gesang trifft in China auf Unverständnis – wie kann man so etwas Unterhaltsames nicht mögen!

Was für ein Theater!

Auch in China sind Theater und Oper sehr beliebt. Lange Jahre war die Auswahl der Stücke jedoch stark beschränkt: Während der harten Phase der Kulturrevolution zwischen 1966 und 1969 war alles Westliche und Bourgeoise verpönt. Letztlich durften nur diese sieben politisch korrekten »Modellopern« *yàngbǎn xì* 样板戏 bzw. Theaterstücke aufgeführt werden:

- Das weißhaarige Mädchen *báimáo nü* 白毛女
- Das rote Frauenbataillon *hóngsè niángzǐjūn* 红色娘子军
- Die rote Laterne *hóng dēng jì* 红灯记
- Den Tigerberg strategisch erobern *zhìqǔ wēi hǔshān* 智取威虎山
- Der Angriff auf das Tigerregiment *qíxí báihǔ tuán* 奇袭白虎团
- Am Hafen *hǎigāng* 海港
- Shajiabang *shājiābāng* 沙家浜

Das Leben ist ein Spiel

Glücksspiel ist in China verboten. Aus gutem Grund: Kaum eine Kultur ist so sehr mit dem Spielfieber infiziert wie die chinesische. Als Beweis genügt ein Blick nach Macau, das zwar mittlerweile wieder zu China gehört, dank seines Status als Sonderverwaltungszone der Volksrepublik mit mehr als 30 Casinos das Zockerparadies per se ist – bis zur völligen Verschmelzung mit China ist das Glücksspiel hier erlaubt. Mittlerweile übertreffen Macaus Spieleinnahmen sogar die von Las Vegas: Rund 44 Milliarden

US-Dollar erwirtschafteten die Casinos im Jahr 2014 – Geld, das vor allem aus den Taschen der volksrepublikanischen Besucher stammt.

Doch passionierte Spieler gibt es nicht nur in Macau. Chinas beliebtestes Spiel ist das *májiàng* 麻将. Das Brettspiel, das vom Prinzip her ein wenig an Rommé erinnert, ist Volkssport und Volksdroge in einem und war unter den Kommunisten lange Zeit verboten. Erst 1985 durfte wieder gespielt werden. Der Einsatz von Geld ist allerdings noch immer untersagt. Seither gehört das leise Klappern der Majiang-Steine wieder zu den Teehäusern und Parks. Andere beliebte Spiele sind chinesisches Schach *xiàngqí* 象棋 und *wéiqí* 围棋, bei uns unter dem japanischen Namen »Go« bekannt. Egal was gespielt wird, sobald das Duell in der Öffentlichkeit stattfindet, sammelt sich schnell eine kleine Menge Zuschauer, die den Spielverlauf gespannt verfolgt und hier und da mit Ratschlägen zur Seite steht.

Selber zugreifen

Jeder kennt die Greifautomaten, bei denen man für einen Euro zuschauen kann, wie in einem Glaskasten fast ein Gewinn daraus geworden wäre, wäre die Ware nicht in letzter Sekunde wieder aus den Greifarmen herausgeflutscht. In Chongqing sehen diese

Automaten anders aus: Anstelle eines Greifarms lassen Eltern ihre mit Boxhandschuhen bestückten Kinder an einer Art Angel in ein Becken mit Spielsachen herab. *Zhēnrén zhuā wáwá jī* 真人抓娃娃机 nennt sich dieser menschliche Greifautomat. Der restliche Ablauf ähnelt dem der Maschine: Auch hier rutscht der Gewinn gerne in letzter Sekunde aus dem Griff.

Auf den Ball gekommen

Obwohl die Urform des Fußballs wahrscheinlich aus China stammt, blieb Europas Massensport im modernen China lange Zeit völlig bedeutungslos. Dies änderte sich erst Anfang der 1990er: 1992 wurde *Shīlāpǔnà* 施拉普纳 (Klaus Schlappner) Nationaltrainer. Er war damit schlagartig nach Karl Marx der bekannteste Deutsche in China. Zweieinhalb Jahre hielt er die Nationalmannschaft auf Trab, rief eine Profi-Liga ins Leben und kümmerte sich um die Nachwuchsarbeit. Die Chinesen dankten es ihm nicht nur mit einem fürstlichen Gehalt. 2008 wurde ihm von der Sporthochschule Shijiazhuang die Ehrenprofessorenwürde verliehen, 2014 benannte die Stadt Qingdao sogar einen Fußballplatz nach ihm.

Seither ist einiges passiert. China steht zwar noch immer in der Weltrangliste ziemlich weit unten – derzeit auf Platz 79 – und ist mit 58 Profi-Vereinen noch mager aufgestellt, andererseits geben Chinas Vereine mittlerweile gigantische Summen für ausländische Spielerimporte aus: Allein 2016 zahlte der Verein Guangzhou Evergrande die gigantische Ablösesumme von 42 Millionen Euro an Atlético Madrid für den Kolumbianer Jackson Martínez, der Brasilianer Ramírez, einst FC Chelsea, war Jiangsu Suning 28 Millionen Euro wert, für seinen Landsmann Alex Teixeira zahlte der Club sogar 50 Millionen Euro. Hinter den gewaltigen Summen stehen allerdings auch potente Sponsoren wie beispielsweise die Milliardäre Jack Ma und Wang Jianlin. Sogar von höchster staatlicher Stelle wird der Fußball derzeit enorm gefördert: Staatspräsident Xi Jinping ist glühender Fußballfan und möchte Chinas Nationalmannschaft an der Spitze sehen. Seither geht eine regelrechte Fußballoffensive durch das Land: Geht es nach seinem 10-Jahres-Plan, sollen bis 2025 rund 50 000 neue Fußballschulen entstehen, China eine Fußball-WM ausrichten – und sich natürlich auch dafür qualifizieren.

Kauf, Baby, kauf!

Der wahre Nationalsport Chinas hat mit Mannschaften, Ligen und Bällen nichts zu tun: Es ist das Einkaufen. Der simple Waldspaziergang oder das

Engagement im Sportverein stehen auf der Beliebtheitsskala ziemlich weit unten. Wieso schwitzen oder im Grünen herumlungern, wenn man sich auch im klimatisierten Einkaufszentrum die Zeit vertreiben kann? Um dieses Kauffieber zu verstehen, muss man gar nicht weit in die Geschichte blicken: Keine dreißig Jahre ist es her, da war das Angebot der meisten chinesischen Kaufhäuser und Läden noch eine magere Angelegenheit: sozialistische Einheitsware, gesprenkelt mit den ersten Angeboten aus dem Westen, zu knackigen Preisen versteht sich. Mit der Öffnungspolitik kamen die zunehmend luxuriöseren Shopping-Tempel – und eben ein neues Hobby, das seither alle anderen Freizeitaktivitäten mühelos in den Schatten stellt.

Kindergärten für Männer

Stundenlang shoppen, das ist allerdings auch in China vielen Männern ein Graus. Damit sie ihren Frauen nicht mit Gejammer in den Ohren liegen und gar am Ende den Shopping-Rausch bremsen, haben zahlreiche Einkaufszentren mittlerweile eine Art Kindergarten für Männer *lǎogōng jìcún chù* (老公寄存处, wörtlich: Männer-Garderobe oder Ablage) eingerichtet: bequeme Sitze, WLAN, Zeitschriften, Raucherecke und Snacks, ja manchmal sogar alkoholische Getränke sorgen dafür, dass die gelangweilten Ehemänner ihre solventen Frauen nicht vom Geldausgeben abhalten. Ursprünglich scheint der Trend aus Shenzhen zu stammen, längst haben ihn aber auch andere Städte landesweit übernommen.

Sprache und Schrift

Keine Sprache hat mehr Muttersprachler als das Chinesische: Rund 1,4 Milliarden Menschen sind es, wenn man alle Dialekte zusammennimmt. Zum Vergleich: Zählt man alle englischsprachigen Menschen, also inklusive all jener, die es als Zweit- oder Drittsprache lernen, kommt man auf 1,5 Milliarden.

Warum klingt Chinesisch immer gleich?

Wer hinter dieser Aussage ein Vorurteil vermutet, liegt … falsch! Im Hochchinesischen werden rund 400 unterschiedliche Silben verwendet, das heißt, alle Wörter werden aus diesen Elementen gebildet. Zum Vergleich: Im Deutschen sind es rund 10 000 verschiedene Silben. Kein Wunder, dass nicht nur Ausländer, sondern auch Chinesen selbst oft der Meinung sind, alles klinge ein wenig gleich. Wirklich eindeutig ist das Chinesische daher nur in geschriebener Form: Praktisch wie ein Logogramm ist jedes Zeichen einzigartig und unverwechselbar.

Chinesen singen

Chinesisch gehört zu den tonalen Sprachen, das heißt, nicht nur der Laut selbst, sondern auch die »Melodie«, mit der er ausgesprochen wird, ist bedeutungstragend.

Das Hochchinesische ist dabei noch überschaubar, denn es gibt nur vier verschiedene Töne (das Kantonesische kennt sogar sechs. Oder acht. Da sind sich die Sprachwissenschaftler nicht einig, und allein das sollte einem zu denken geben). Man unterscheidet im Hochchinesischen den gleichbleibend hohen, einen steigenden, einen fallenden und dann wieder steigenden und einen fallenden Ton. Anders als beim Vietnamesischen ist es immerhin egal, auf welcher Höhe man beginnt, es zählt allein der melodische Verlauf.

An dieser Hürde scheitern Ausländer besonders oft, nicht zuletzt weil wir Westler uns schwertun, eine solche vermeintliche Nebensächlichkeit zu memorieren.

Im Gespräch mit Chinesen rächt sich diese laxe Haltung, denn manch ein Wort bietet die Möglichkeit für spannende Missverständnisse, wenn man es im falschen Ton ausspricht:

Beispiele für peinliche Ton-Irrtümer

kěxǐ 可喜	erfreulich	kěxí 可惜	bedauerlich
miàntiáo 面条	Nudeln	miántiáo 棉条	Tampon
jiāohuā 浇花	Blumen gießen	jiǎohuá 狡猾	listig
jiànmiàn 见面	jem. treffen	jiǎnmiǎn 减免	reduzieren
jiǎndǎn 简单	einfach	jiāndàn 煎蛋	Omelette
jīqì 机器	Maschine	jīqǐ 激起	aufrütteln

Woher stammen die Zeichen?

Es waren Neugier und die Suche um göttlichen Rat, die letztlich zur Entwicklung der Zeichen führten. Die Könige der Shang-Dynastie (1600–1100 v. Chr.) waren nicht nur die weltlichen Führer, sondern auch die oberste religiöse Instanz und für den Kontakt mit den Göttern zuständig.

Doch wie verständigt man sich mit den Göttern? Für die Shang war das wichtigste Kommunikationsmittel eine Art »Knochenpost«: Schulterblätter vom Rind oder Schildkrötenpanzer wurden mit kleinen Zeichnungen versehen – der Frühform der Zeichen – und ins Feuer geworfen. Die dadurch entstehenden Risse im Knochen wurden als Antwort interpretiert.

Die Fragen bezogen sich übrigens nicht nur auf politische Angelegenheiten: Auch wenn es um bauliche Aktivitäten oder die Landwirtschaft ging, wurde vorsichtshalber oft der Rat der Götter eingeholt. Logisch, dass einfache Symbole bildlicher Darstellungen irgendwann nicht mehr ausreichten und komplexere Zeichen erschaffen werden mussten.

Neben den einfachen Symbolen wie Sonne, Mond oder Baum, deren Ursprung man auch als Nicht-Sprachkundiger gut nachvollziehen kann, entwickelten sich bald zusammengesetzte Zeichen wie sehen 看 (= es besteht aus einem Auge 目 unter einer Hand 手) oder die Menschenmenge 众, die sich aus drei Menschen 人 zusammensetzt.

Den größten Teil der heute gebräuchlichen Zeichen stellen Kombinationen aus inhaltlichem Teil und einer phonetischen Komponente, die nach dem Prinzip der Rebus-Rätsel konstruiert sind: Beispielsweise die Ameise 蚂蚁 *ma-yi* setzt sich jeweils aus dem Element »Insekt« 虫 und einem lautlichen Teil für *ma* 马 und *yi* 义 zusammen, zwei Zeichen, die zwar andere Bedeutungen haben, aber so ausgesprochen werden wie die Ameise.

Sieht man den Zeichen an, wie sie ausgesprochen werden?

Nein. Für jedes Zeichen muss man die genaue Aussprache auswendig lernen – dies gilt auch für Chinesen. Allerdings kann man hier und da noch ahnen, wie sie zu ihrer Aussprache kamen, wenn das Zeichen einen phonetischen Teil enthält. Verlässlich sind diese Informationen aber nicht mehr: In den letzten dreitausend Jahren hat sich auch in puncto Aussprache einiges verändert.

Wieso gibt es die Zeichen überhaupt noch?

Langwierig zu lernen, schwer nachzuschlagen, keine phonetische Information … Auf den ersten Blick wirkt die chinesische Schrift eher unpraktisch. Doch dieser Nachteil wird in China gern in Kauf genommen, denn die Zeichen haben auch einen gewaltigen Vorteil, der für den Zusammenhalt des chinesischen Reichs essentiell war: Egal, welchen chinesischen Dialekt die Menschen sprechen, geschrieben sehen die Texte immer gleich aus. Oder andersherum gesagt: Jeder kann das geschriebene Chinesisch verstehen, egal, ob er aus Guangdong im Süden oder von der russischen Grenze stammt.

Überall in China gilt das »Hochchinesische«, das sogenannte Pǔtōnghuà 普通话, als Standardsprache. Daneben existieren jedoch auch zahlreiche Dialekte und weitere chinesische Sprachen. Wann es sich um einen Dialekt und wann um eine eigene Sprache handelt, ist dabei oft Ansichtssache. Fakt ist: Sprecher des Hochchinesischen, des Kantonesischen oder

Taiwanesischen würden sich in einer Konversation nicht verstehen, können aber schriftlich problemlos kommunizieren, da die Schrift immer die gleiche ist. Hier ist es nun von Vorteil, dass die chinesischen Zeichen kaum verlässliche Informationen zur Aussprache tragen.

In den 1960ern gab es dennoch Bestrebungen, das Chinesische in einer Lautsprache zu schreiben, die allerdings nach kurzer Zeit wieder eingestellt wurden: Die Texte waren einfach nicht verständlich und viel zu doppeldeutig.

Zeichen der Macht

Mehr als anderswo in der Welt war die Schrift und natürlich ihre Beherrschung im Alten China ein Zeichen der Macht. Nur wer Zeit und Muße beziehungsweise ausreichend finanzielle Mittel besaß, konnte sich dem Studium der Schrift widmen. Rein theoretisch hätten zwar auch Bauern sich einen Lehrer suchen dürfen und ihre Kinder auf die Beamtenprüfung vorbereiten können, de facto lag dieser Luxus jedoch weit jenseits ihrer Möglichkeiten. Erschwerend kam hinzu, dass bis in die Moderne die Schriftsprache erheblich von der mündlichen Sprache abwich. Das sogenannte klassische Chinesisch *wényán* 文言 mag in den Anfängen des chinesischen Reiches noch mit der gesprochenen Sprache übereingestimmt haben (was sich heute kaum noch überprüfen lässt), entwickelte sich aber im Laufe der Jahrhunderte völlig unabhängig und war schließlich nur noch Eingeweihten verständlich. Um diese Kunstsprache zu erlernen, waren Jahre, wenn nicht Jahrzehnte intensiven Studiums erforderlich. Erst zu Beginn des 20. Jahrhunderts, nach dem Ende der Kaiserzeit, begannen Literaten und Verwaltungen in der Umgangssprache zu schreiben.

Ur-Zeichen, die heute noch in Gebrauch sind

日 *rì* Sonne
月 *yuè* Mond
雨 *yǔ* Regen
木 *mù* Holz
口 *kǒu* Mund, Öffnung
山 *shān* Berg

Was sind Drachenknochen?

In der traditionellen Medizin galten die »Drachenknochen«, altes Knochenmaterial, das im Boden der Provinz Henan gefunden wurde, lange Zeit als wichtiges Medikament gegen Malaria. Genau genommen bis 1899: In diesem Jahr entdeckte der Gelehrte Wang Yirong kleine Inschriften auf den Knochen, die als Arznei in traditionellen Apotheken verkauft wurden. Eine ausgiebige Untersuchung ergab, dass sie mehr als 3300 Jahre alt und damit zu damaliger Zeit die frühesten »Dokumente« der chinesischen Schrift waren.

Mittlerweile hat man sogar Inschriften gefunden, die 5000 Jahre alt sein sollen, zum Beispiel auf einer Axt, die in Zhuangqiao in der Provinz Zhejiang entdeckt wurde.

Zeichen oder Wörter?

Eine beliebte Frage an chinesischkundige Menschen ist: »Wie viele Zeichen kennst du?« Doch in Wirklichkeit sagt die Zahl der Zeichen nur wenig aus. Zum einen ist es nicht ganz unerheblich, welche von den rund 60 000 existierenden Zeichen man kennt, zum anderen ist Chinesisch längst keine monosyllabische Sprache mehr. Zwar trägt jedes Zeichen eine Bedeutung für sich, doch moderne Wörter sind mittlerweile oft zwei-, drei- oder viersilbig. Wie sonst könnte man mit einem jahrtausendealten Zeichensatz moderne Begriffe darstellen? Wichtig ist daher nicht nur, wie viele Zeichen man kennt, sondern auch, ob dem Sprechenden und Lesenden die richtigen Zeichenkombinationen geläufig sind.

Wieso heißt es manchmal Szechuan und manchmal Sichuan?

Chinesische Laute in europäischen Sprachen darzustellen ist mitunter recht schwer: Es gibt einfach zu viele Laute, für die es beispielsweise im Englischen oder Deutschen keine Buchstaben gibt. Also wurden im Laufe der Geschichte immer wieder sogenannte Lautschriften entwickelt, die das Chinesische mehr oder minder gut abbilden. Heute ist das sogenannte Pǔtōnghuà internationaler Standard, allerdings gibt es noch Wortschöpfungen aus anderen Lautschriften, die sich im Deutschen gehalten haben: zum Beispiel Peking anstatt Beijing oder eben Szechuan anstatt Sichuan.

Was sind Kurz- und Langzeichen?

Als die Kommunisten 1949 in China an die Macht kamen, betrug die Analphabetenrate noch rund 80 Prozent. Um die Alphabetisierung zu erleichtern, wurden zahlreiche häufig benutzte Schriftzeichen 1955 vereinfacht: Man verringerte ihre Strichanzahl. Seither gibt es die sogenannten Langzeichen, also die Originalschriftzeichen, wie sie noch in Taiwan und Hongkong verwendet werden, und die Kurzzeichen, die in der Volksrepublik, in Singapur und den chinesischen Gemeinschaften in Malaysia die offizielle Schrift darstellen. Insgesamt wurden mehrere tausend Zeichen vereinfacht, man ging dabei allerdings gezielt vor: Meist wurden sogenannte Radikale, also Teilzeichen, vereinfacht und in allen Zeichen ausgetauscht, in denen sie vorkommen. Parallel tauschte man komplizierte Zeichen gegen jene Kurzformen aus, die viele Menschen ohnehin schon handschriftlich verwendeten.

Einige Beispiele:

Bedeutung	Aussprache	Langzeichen	Kurzzeichen
Land	guó	國	国
dieses	zhè	這	这
lernen	xué	學	学
Drachen	lóng	龍	龙

Die häufigsten Zeichen

Wer diese 20 Zeichen beherrscht, versteht rein theoretisch rund 20 Prozent eines chinesischen Textes. Praktisch ist es natürlich nicht so einfach, einen chinesischen Text zu lesen. Aber vielleicht macht es einfach Spaß, mal unterwegs darauf zu achten, wie oft einem die folgenden Zeichen begegnen?

Rang	Zeichen	Aussprache	Bedeutung
1	的	de	(Grammatikalisches Zeichen, zeigt den Besitz an)
2	一	yī	eins, ein
3	是	shì	sein (ich bin, du bist …)
4	不	bù	nicht
5	了	le	Grammatik-Partikel, zeigt unter anderem die Vergangenheit an
6	在	zài	da sein, existieren, in, an
7	人	rén	Mensch, Person
8	有	yǒu	haben
9	我	wǒ	ich, mein, mir
10	他	tā	er, sein
11	这	zhè	dies(es)
12	个	gè	Zählwort (wie ein Stück)
13	们	men	zeigt einen Plural an
14	中	zhōng	Mitte wie in 中国: Reich der Mitte
15	来	lái	kommen
16	上	shàng	auf, rauf
17	大	dà	groß
18	为	wéi	werden, für
19	和	hé	und, Frieden
20	国	guó	Land, Reich

Wie findet man ein Zeichen im Wörterbuch?

Na, man schlägt es nach, werden die meisten denken, und ganz automatisch von einer A-Z-Sortierung ausgehen. Stimmt, in den meisten Wörterbüchern werden Wörter nach der Aussprache ihres ersten Zeichens und auch einzelne Zeichen nach Aussprache sortiert. Doch genau da beißt sich die Katze in den Schwanz: Kennt man ein Zeichen nicht, dann weiß man in der Regel auch nicht, wie es ausgesprochen wird.

Stattdessen gibt es in den meisten Wörterbüchern auf den ersten Seiten eine Liste aller Radikale, also der Elemente, aus denen alle Zeichen aufgebaut sind und die meist auf die Urform der ersten Zeichen zurückgehen. Dabei gibt es keine Beschränkung oder Regel: Manche sind aus zwei Teilen aufgebaut, andere aus zehn Radikalen. So besteht *míng* 明 »hell leuchten« aus den Radikalen Sonne *rì* 日 und Mond *yuè* 月. Unter einem von ihnen ist das Zeichen dann gelistet. Man nimmt also das Radikal, zählt die restlichen Striche zusammen und schaut in einer Liste nach, auf welcher Seite das Zeichen steht. Falls das nun kompliziert klingt, ist eine wichtige Botschaft schon angekommen: Zeichen nachschlagen ist keine einfache Disziplin und braucht viel Übung. Dank Smartphone ist es allerdings einfacher geworden: Zahlreiche Apps bieten die Möglichkeit, das Zeichen einfach nachzumalen, und spucken dann die Bedeutung aus.

In welche Richtung schreibt man?

Im Grunde ist es egal: Jedes Zeichen ist eine abgeschlossene Einheit, und man kann Texte daher in jede beliebige Richtung fließen lassen. Im Alten China wurde von oben nach unten geschrieben, wobei die Spalten von rechts nach links gingen. In Taiwan ist dies durchaus noch verbreitet, vor allem in Büchern. In diesem Fall scheint das Buch verkehrt herum zu sein: Das Cover ist dann nach unserem Verständnis auf der Rückseite des Buches zu finden.

Am meisten verbreitet ist in China jedoch die Schreibrichtung, die auch im Westen vorherrscht: Von links nach rechts und von oben nach unten.

Wann ist man kein Analphabet mehr?

Alle existierenden Zeichen beherrscht garantiert niemand, es ist nicht einmal sicher, wie viele es wirklich gibt. Um die 60 000 dürften es sein, doch nur wenige Tausende sind noch im alltäglichen Gebrauch. Wer um die 2000 Zeichen beherrscht, gilt offiziell als lese- und schreibkundig, mit einem Wortschatz von zirka 3000 Zeichen können fast alle Texte verstanden werden.

Warum man sich keinen chinesischen Namen zulegen sollte

Wenn chinesischen Eltern Nachwuchs ins Haus steht, dann suchen sie mit Bedacht einen Namen aus: Eine schöne Bedeutung soll er haben, gut klingen und aus maximal zwei Silben plus Nachnamen bestehen. Das allein ist schon schwer genug.

Doch wie bitte presst man einen vielsilbigen ausländischen Namen in dieses Schema? Die beste Antwort lautet oft: gar nicht. Oder besser gesagt: nicht im Alleingang und ohne Unterstützung eines chinesischen Muttersprachlers.

Am Beispiel des deutschen Namens »Michaela« lässt sich das Dilemma gut erklären: Eine einfache Methode wäre, den Namen in seine Silben aufzubrechen und Mi-xia-e-la daraus zu machen. Das sieht dann zwar für Europäer ziemlich chinesisch aus, ist aber schon der Länge wegen auf den ersten Blick eindeutig ausländischen Ursprungs. Je nachdem, welche Zeichen man nimmt, um diese Silben zu schreiben, kommt dabei auch noch ein lustiger Satz heraus, denn jedes Zeichen hat ja nicht nur eine Aussprache, sondern immer auch eine Bedeutung. Zum Beispiel: mǐ xià é lā 米下俄拉 (Zieh Russland unter den Reis!), mì xià è là 蜜夏恶辣 (Honigsommer-böse-Schärfe) oder oder oder …

Die Möglichkeiten, sich einen total beknackten

Namen zu geben, sind unendlich und führen immer wieder zu großer Heiterkeit auf chinesischer Seite. Profis würden daher eher versuchen, zwei Silben zu finden, die nur ungefähr wie der echte Vorname klingen, charakterlich passen und eine schöne Bedeutung haben.

Die geheime Bedeutung der Zahlen

Chinesisch ist eine sehr lautarme Sprache, die daher viele Homonyme, also gleichlautende Wörter kennt. Aus diesen lautlichen Doppeldeutungen ergeben sich beispielsweise bei den Zahlen verborgene Zweitbedeutungen: Je nachdem, ob es einen guten oder einen schlechten gleichlautenden Begriff gibt, gilt auch die Zahl als glückbringend oder eben nicht. So ist beispielsweise die Vier sì 四 eine Zahl mit sehr negativer Konnotation: Sie wird ausgesprochen wie das Wort *sì* 死 »sterben«. Logisch, dass niemand eine Vier auf dem Nummernschild haben oder in der Hausnummer 44 wohnen will. Das absolute Gegenteil ist die Acht *bā* 八. Sie klingt wie das »werden« von »reich werden«.

Hier alle Bedeutungen:

Zahl	klingt wie	Bedeutung	Besonderheiten
1 yī	yī 易	leicht	
1 yāo	yào 要	wollen	
2 èr	aì 爱	lieben	
3 sān		keine besondere Bedeutung	
4 sì	sì 死	sterben, Tod	In Hotels gibt es meist keine vierte Etage
5 wǔ	wǒ 我	ich	
	oder 无 wú	nicht	
6 liù	liù 流	fließen, gut laufen	Beliebt als Autokennzeichen und Geschenksumme
7 qī	qǐ 起	zusammen	
8 bā	fā von fācài	reich werden	Beliebt in jedem Zusammenhang, zum Beispiel in Telefonnummern, auf Autokennzeichen …
9 jiǔ	jiǔ 久	lange, lange Zeit	Hochzeitstermine, damit die Ehe lange hält!

Aus den Zahlen lassen sich sogar ganze Sätze bilden, die beispielsweise bei der Kommunikation per Smartphone gern benutzt werden. Hier und da bekommen sogar Telefonnummern eine unterschwellige Bedeutung, die man kennen sollte. Wer sich die

Telefonnummer 514 514 geben lässt, bringt Chinesen zum Erschauern, denn sie klingt wie »Ich will sterben, ich will sterben«. Mit der Nummer 5 999 257 könnte man zu Hause für gute Stimmung sorgen, denn sie liest sich als »Ich liebe meine Frau lange lange lange«.

Hauptsache, sie wächst: Chinas Wirtschaft

Geht es nach der Forbes-Liste, waren 2016 erstmals die drei größten Unternehmen der Welt in China angesiedelt. Damit führen sie automatisch auch die Liste der wichtigsten Unternehmen des Landes an. Gemessen werden in der Forbes-Liste übrigens Umsatz, Gewinn, Vermögenswerte und Marktwert.

Name	**Rang in China**	**Rang weltweit**	**Branche**
ICBC (Industrial and Commercial Bank	1	1	Bank
China Construction Bank	2	2	Bank
Agricultural Bank of China	3	3	Bank
Bank of China	4	6	Bank
Petrochina	5	17	Öl
China Mobile	6	18	Telekommunikation
Ping'an	7	20	Versicherung
Sinopec	8	31	Öl

Bank of Communications	9	36	Bank
China Merchants Group	10	38	Bank u.a.

Chinesische Investoren in Europa

Dass sich westliche Unternehmen in China engagieren, gilt als selbstverständlich, schließlich möchte man am großen 1,4-Milliarden-potentielle-Kunden-Kuchen teilhaben. Immer öfter aber funktioniert die Globalisierung auch andersherum. Hier eine (willkürliche) Auswahl chinesischer Investitionen der letzten Jahre in Deutschland und Europa:

Was	**Wer**	**Wann**	
Fußballclub Inter Mailand	Suning Commerce	Juni 2016	Kaufpreis 270 Mio. Euro für 69 % der Anteile
Reiseveranstalter Thomas Cook	Fosun International	März 2016	5 % der Aktien, Aufstockung anvisiert
S.A.G. Solarstrom AG	Shunfeng Gruppe	Oktober 2014	aus der Insolvenz gerettet
OHE Mining Technology	Beijing Huahai Machinery Corporation	Juni 2015	aus der Insolvenz gerettet

Was	Wer	Wann	
Ferienclubs Club Med	Fosun International	Februar 2016	Kaufpreis 939 Mio. Euro
Maschinenbauer Krauss-Maffai	ChemChina	Januar 2016	Kaufpreis 925 Mio. Euro
Reifenhersteller Pirelli	Chem China	März 2015	65 % Anteil 7,1 Mrd. Euro
Dating-App Gríndr	Kunlun Tech	Januar 2016	155 Mio. Dollar für 60 % der Anteile
Betonpumpenhersteller Putzmeister	Sany	2012	Kaufpreis 320 Mio. Euro
TV-Gerätehersteller Metz	Skyworth-Konzern	Juni 2015	aus der Insolvenz gerettet
Recyclingfirma Schott	Chiho-Tiande	Mai 2016	aus der Insolvenz gerettet
Nordseewindpark WindMW GmbH	China Three Gorges Corporation	Juni 2016	80 % der Anteile für 630 Mio. Euro
Autozulieferer Hilite	Avid Electromechanical Systems	Juni 2014	Kaufpreis 473 Mio. Euro
PKW Schließsysteme Kiekert	Hebei Lingyun Industrial Group	März 2012	Preis nicht bekannt

Was	Wer	Wann	
Müllverwerter EEW	Beijing Enterprises Holdings	Februar 2016	Kaufpreis 1,438 Mrd. Euro

Genaue Daten gibt es übrigens im jährlichen Bericht »Chinesische Unternehmenskäufe in Europa« der Wirtschaftsprüfungsgesellschaft Ernst & Young (EY). Dieser zufolge kauften Investoren aus China und Hongkong im Jahr 2013 120 Unternehmen und Unternehmensbeteiligungen in Europa, 2014 waren es 163 und 2015 sogar 179.

In den Medien wird dabei oft das Bild der unersättlichen chinesischen Investoren gezeichnet, die am liebsten ganz Europa kaufen würden. Hier und da sind allerdings auch europäische Pleitefirmen dabei, die erst durch chinesische Gelder wieder ins reguläre Fahrwasser gerieten.

Wem gehört der Boden?

Der chinesische Staat ist der weltweit größte Vermieter, denn ihm gehört sämtlicher Boden im gesamten Land. Wenn also in den Medien die Rede von Landverkäufen ist, dann stimmt die Terminologie nur zum Teil. De facto kann man die Landrechte seit der Gründung der Volksrepublik nur noch pachten. Zum Beispiel um ein Gebiet landwirtschaftlich zu nutzen oder darauf zu bauen. Ein Einkaufszentrum zum Beispiel, eine Fabrik oder ein Eigenheim. Per Gesetz wurde die maximale Pachtdauer für private Nutzung auf 70 Jahre festgelegt. Das klingt lang – lang genug, dass sich die meisten Menschen kaum Gedanken darüber machen, was passiert, wenn die Pachtzeit abläuft, zumal sich der Vertrag im Fall von Wohngebäuden normalerweise automatisch verlängert, wenn niemand Einspruch erhebt. Außer natürlich, der Staat beziehungsweise die Stadt oder der Landkreis brauchen das Land. Doch was passiert dann mit den Gebäuden darauf? Bisher gibt es keine klaren Regeln. Einer der Gründe für diese ungeklärte Situation ist zeitlicher Natur: Die Gesetze über die Pacht wurden erst Ende der 1980er erlassen. Sie legen fest, dass die Pachtdauer für Wohnbauten 70 Jahre, für industrielle Projekte 50 Jahre und für kommerzielle Zwecke 40 Jahre beträgt. Für Letztere könnte es daher demnächst eng werden. Welche Überraschungen drohen können, hatte sich bereits vor einigen Jahren in der Sonderwirtschaftszone Shenzhen gezeigt. Dort waren die Grundstücke in den 1980ern nur für 20 Jahre verpachtet worden. Teilweise wurden den Pächtern besonders guter Lagen Verlängerungsoptionen für 40 Jahre angeboten. Der Preis freilich ließ manch einen Pächter die Luft scharf durch die Zähne ziehen: 35 Prozent des aktuellen Grundstückswertes mussten sie berappen.

Enteignungen und Proteste

Generell hat der Staat oder einer seiner Vertreter, zum Beispiel die Stadtregierung oder die Gemeinde das Recht, Landpächter zu enteignen. Natürlich muss eine angemessene Entschädigung gezahlt werden. Dass diese gern auf dem Weg durch die Instanzen an Volumen verliert, sprich, sich allerhand Menschen daran bedienen, bevor sie beim Empfänger ankommt, ist nur eines der Probleme.

Wird ein Bauer für ein Stück Acker entschädigt, erhält er natürlich eine recht kleine Summe. Wird das Land danach beispielsweise in Bauland umgewandelt, gewinnt es enorm an Wert – und der Bauer hat nicht ganz zu Unrecht das Gefühl, ordentlich über den Tisch gezogen worden zu sein. Für gerissene Provinzkader ist jedoch genau dies die beste Methode, schnell zu viel Geld zu kommen.

Warum wird in China ständig gebaut?

Unterwegs in Chinas Städten und Kleinstädten, scheint dem Beobachter das gesamte Land in eine Baustelle verwandelt. Und das ist statistisch durchaus korrekt. Kein Land der Welt verbraucht mehr Stahl und Beton (rund 40 Prozent des weltweiten

Verbrauchs gehen auf Chinas Kosten), hat mehr Bauarbeiter und mehr Baustellen.

Verursacht wird der Bauboom zum einen durch das enorme Wirtschaftswachstum, zum anderen ist die »Lebensdauer« der Gebäude extrem gering: Während man in der EU von einer Nutzung von mindestens 100 Jahren ausgeht, sind viele Gebäude in China schon nach 20 Jahren erkennbar baufällig. Billige Baumaterialien, Pfusch und mangelnde Planung lassen viele Gebäude schon nach kurzer Zeit renovierungsbedürftig werden. Das chinesische Ministerium für Bauwesen geht sogar davon aus, dass rund die Hälfte aller Wohngebäude in den nächsten 20 Jahren abgerissen und neu gebaut werden müssen. Mehrstöckige Gebäude werden dabei oft durch Hochhäuser ersetzt, um den Profit zu maximieren. Nicht zuletzt sorgt auch der wachsende Wohlstand dafür, dass sich immer mehr Menschen eine größere Wohnung leisten wollen und können.

Wo steht die Werkbank der Welt?

Das Perlflussdelta mit den Städten Dongguan, Foshan, Huizhou, Guangzhou, Jiangmen, Shenzhen, Zhaoqing, Zhongshan, Zhuhai, Hongkong, Macau und allerhand anderen Orten, die in Deutschland wenig bekannt sind, gilt als einer der weltweit wichtigsten Fabrikations- und Hi-Tech-Standorte. Obwohl niemand so ganz genau sagen kann, wie viele Waren dort hergestellt werden, gehen seriöse Schätzungen von rund 5 Prozent aller weltweit produzierten Waren aus. In der Tat stehen die Fabriken am Perlflussdelta dicht an dicht. Zu den typischen Produkten zählen Kleidung, technische Geräte, Spielzeug und Schuhe.

Dass gerade das Perlflussdelta eine solche Bedeutung hat, ist kein Zufall. Hier begann 1980 der große wirtschaftliche Umbruch Chinas: Mit Shenzhen und Zhuhai lagen zwei der vier Wirtschaftssonderzonen, in denen die chinesische Regierung marktwirtschaftliche Elemente testete, im Perlflussdelta. Erstmals produzierten chinesische Staatsunternehmen dort in Zusammenarbeit mit ausländischen Investoren Waren nicht nur für den heimischen Markt, sondern auch für den Export. Hätte man allerdings den Bauern von Shenzhen damals versprochen, ihre Heimat würde sich innerhalb weniger Jahre in einen modernen Industriestandort und eine gigantische Megastadt verwandeln, sie hätten sich vor Lachen auf die Schenkel geklopft.

Woher stammt der Großteil des christlichen Weihnachtsschmucks?

Aus China natürlich! In Yiwu, rund 300 Kilometer südlich von Shanghai in der Provinz Zhejiang, stehen mehr als 600 Fabriken, die Weihnachtsschmuck für den Export herstellen. Wenn draußen die subtropische Sonne vom Himmel brennt, werden drinnen Lametta und Lichterketten produziert, Weihnachtsbäume aus Plastik, Nikolausmützen und was man sonst so alles noch für ein gesegnetes Fest braucht.

Gibt es einen Mindestlohn in China?

Seit 2004 gibt es in China einen offiziellen Mindestlohn, der Wert ist jedoch nicht landesweit einheitlich. Jede Stadt- und Provinzregierung legt die Höhe selbst fest. Die derzeit landesweit besten Mindestlöhne werden mit 2030 Yuan / Monat (ca. 275 Euro) in Shenzhen und 2020 Yuan / Monat (ca. 272 Euro) in Shanghai gezahlt. Auch Guangzhou liegt mit 1895 Yuan / Monat (ca. 256 Euro) weit vorn, im benachbarten Shaoguan werden nur noch 1210 Yuan / Monat (ca. 163 Euro) garantiert. In Yinchun in der nördlichen Provinz Heilongjiang sind es sogar nur 1120 Yuan / Monat (ca. 151 Euro).

Eins haben die verschiedenen Städte allerdings gemeinsam: Zwischen 2011 und 2015 sind die Mindestlöhne um rund 200 Prozent gestiegen, und die chinesischen Arbeiter, wenn auch immer noch schlecht bezahlt, haben in den letzten Jahren eine enorme Aufwertung ihrer Arbeit erlebt. Für viele europäische Unternehmen (also aus jenen Ländern stammend, in denen man gern über die Ausbeutung der chinesischen Fabrikarbeiter stöhnt) übrigens Grund genug, ein weiteres Engagement in China zu überdenken.

Einen Maximallohn gibt es übrigens auch, zumindest für Manager von staatlichen Unternehmen. Seit August 2014 dürfen sie nicht mehr als 600 000 Yuan / Jahr (ca. 81 000 Euro) verdienen.

Was verdienen Chinesen?

Durchschnittlich verdienen Chinesen rund 62 000 Yuan / Jahr (ca. 8378 Euro). Freilich ist dieser Wert wenig aussagekräftig. Zum einen sind die regionalen Unterschiede immens: In Shanghai sind die Gehälter um ein Vielfaches höher als in den ärmeren Inlandsprovinzen, egal um welche Arbeit es sich handelt. Zum anderen gibt es noch kein landesweit einheitliches Sozialwesen. Ob und wie viele Sozialleistungen vom Arbeitgeber übernommen werden, ist oft Verhandlungssache (siehe Kap. Gesellschaft).

Nicht zuletzt ist es in den unteren Ebenen, also beispielsweise auf dem Bau, durchaus üblich, schwarz zu arbeiten. Logisch, dass dann die Löhne eher hoch sind, im Krankheitsfall aber schnell die ganze Familie ins Elend abrutscht. Staatsangestellte wie Lehrer kommen dagegen kaum umhin, die gesetzlich vorgeschriebenen Abgaben zu leisten, sind aber auch besser abgesichert. Generell kann man davon ausgehen, dass bei korrekter Versteuerung und mittelmäßiger sozialer Absicherung mit Kranken-, Arbeitslosen- und Basis-Rentenversicherung rund 25 Prozent des Gehalts abgezogen werden. Auch diese Werte variieren stark je nach Stadt und Region. Generell sind die Löhne in Shanghai, Beijing, Shenzhen und Guangzhou besonders hoch. Je weiter man sich ins Landesinnere bewegt, desto geringer wird meist auch der Verdienst. Hier einige konkrete Einkommensbeispiele, die allerdings nur einen kleinen Ausschnitt zeigen:

- Verkäufer/in in Shanghai: 2000–5000 Yuan (ca. 270–675 Euro) (je nach Preissegment des Ladens)
- Verkäufer/in in einer Kleinstadt: 1000–3000 Yuan/Monat (ca. 135–405 Euro)
- Rezeptionist/in in Shanghai ohne Berufserfahrung, großes Unternehmen: 3000–5000 Yuan/Monat (ca. 405–675 Euro)

- Mittelstufenlehrer/in in Wuxi (Ostküste): 4000–6000 Yuan/Monat (ca. 540–810 Euro)
- Sachbearbeiter/in an einer großstädtischen Universität mit 4 Jahren Erfahrung: ca. 6000 Yuan/Monat (ca. 810 Euro)
- Übersetzer/in Chinesisch-europäische Fremdsprache in einer Großstadt: ca. 5000–8000 Yuan/Monat (ca. 675–1080 Euro)
- Hausarzt/ärztin in einer Großstadt: 20 000 Yuan/Monat (ca. 2700 Euro)
- Arzt/Ärztin mit 3 Jahren Erfahrung in einer Mittelstadt: ab 6000–10 000 Yuan/Monat (ca. 675–1350 Euro)
- Büroangestellte mittlerer Ebene in Shanghai: 6000–16 000 Yuan/Monat (ca. 810–2160 Euro)
- Fahrer/in in Shanghai: 3500–5500 Yuan/Monat (ca. 470–743 Euro)
- Reporter/in bei einer großen Zeitung: 6000–10 000 Yuan/Monat (ca. 810–1350 Euro)
- Mingong (einfacher Arbeiter oder Handwerker ohne Ausbildung): 6000 Yuan/Monat in Wuxi (ca. 810 Euro), 2000–3000 Yuan/Monat in Chongqing (ca. 270–405 Euro)
- Universitätsabsolvent/in frisch von der Uni: 2000–3000 Yuan/Monat landesweit (ca. 270–405 Euro)
- Angestellte/r eines Sicherheitsunternehmens in Chongqing: 3000–5000 Yuan/Monat (ca. 405–675 Euro)

- Professor in Nanjing: 25 000 Yuan/Monat (ca. 3378 Euro)
- Postbote eines privaten Postunternehmens: 6000 Yuan/Monat in Wuxi (ca. 810 Euro), bis zu 12 000 Yuan/Monat in Shanghai (ca.1620 Euro)
- Bedienung in einem Restaurant: 3000 – 5000 Yuan/Monat in Nanjing (ca. 405 – 675 Euro), ca. 2000 – 3000 Yuan/Monat in einer Kleinstadt (ca. 270 – 405 Euro)
- Lagerarbeiter/in an der Ostküste: 5000 Yuan/Monat (ca. 675 Euro)
- Software Engineer: 3000 – 6000 Yuan/Monat (ca. 405 – 810 Euro)

Interessant ist, dass Universitätsabsolventen erst einmal kaum mehr als ungelernte Bauarbeiter verdienen, deren Tätigkeiten allerdings weitaus schweißtreibender sind als ein Bürojob. In Anbetracht der hohen Bildungskosten für viele junge Chinesen eine echte Frustrationsquelle.

Was passiert mit den Preisgeldern chinesischer Spitzensportler?

Sie werden nach einem festen Verteilungsschlüssel weitergegeben: Die Hälfte bekommt der Sportler, 20 Prozent gehen an den Trainer, 15 Prozent erhält der Sportverband der Heimatprovinz, 15 Prozent der nationale Sportverband.

Wenn Arbeit tötet

Mit rund 70 000 tödlichen Arbeitsunfällen pro Jahr steht China weltweit an der Spitze der Statistiken. Allein 10 000 davon geschehen jedes Jahr im Bergbau. Dabei gibt es durchaus Arbeitssicherheitsgesetze in China – nur bei der Einhaltung hapert es.

Klotzen statt kleckern: Betriebsausflug auf Chinesisch

Hier und da lassen es chinesische Chefs allerdings auch im Positiven krachen. Das Tianjiner Unternehmen Tiens beispielsweise veranstaltete mit 6400 Mitarbeitern einen der größten Betriebsausflüge, die China je gesehen hatte. Aufsehenerregend war er jedoch nicht nur der schieren Teilnehmerzahl wegen: Anstatt ins Spaßbad um die Ecke hatte der Firmenchef Li Jinyuan im Mai 2015 vier Tage nach Paris und an die französische Côte d'Azur eingeladen – immerhin jeder zweite Angestellte seines Konzerns kam so in den Genuss einer Europareise. Ein Eintrag im Guinnessbuch der Rekorde sprang auch noch raus: Während der Reise entstand der größte, je mit Menschen dargestellte Schriftzug. Gekostet hat der Spaß eine nicht ganz unerhebliche Summe von rund 13 Millionen Euro.

Insgesamt schien Li mit dem Ausflug zufrieden gewesen zu sein, denn schon im Mai 2016 stand der nächste spektakuläre Betriebsausflug an, wenn auch nur für 2500 Angestellte. Diesmal ging es nach Spanien.

Rekorde kann er damit allerdings nicht mehr aufstellen, denn das chinesische Unternehmen Infinitus setzte ebenfalls im Mai 2015 neue Maßstäbe und lud 12 700 Angestellte zu einer 17-tägigen Incentive-Reise nach Thailand ein.

Bereits drei Jahre zuvor hatte Amway China 16 000 Angestellte zu einer Thailandreise eingeladen, wenige Monate später brachte das Unternehmen Pro-Health China 12 000 Firmenangehörige in das Königreich.

Wie viel Miete zahlen Chinesen?

Genauso wie die Löhne sind auch die Lebenshaltungskosten höchst unterschiedlich: Zum einen gibt es große regionale Unterschiede, aber auch der Lebensstandard innerhalb der Städte variiert stark. Wer sich für eine Wohnung im Plattenbau oder einen unrenovierten Wohnhof mit Außentoilette entscheidet, liegt natürlich preislich deutlich unter dem Mietpreis für ein schickes Apartment nach westlichem Standard.

In den wohlhabenden Städten der Ostküste geben Familien der unteren Mittelschicht um die 3000 Yuan (ca. 405 Euro) für die Warmmiete einer Wohnung aus. Ein Großteil der Chinesen – rund 90 Prozent – besitzt allerdings Wohneigentum, denn in den 1990ern konnten die meisten ihre vormals staatlichen Wohnungen zu günstigen Preisen erwerben. Zudem sind Immobilien eine beliebte Form der Wertanlage. Wer in Beijing eine Wohnung mieten möchte, muss das Portemonnaie schon etwas weiter öffnen: Der durchschnittliche Preis pro Quadratmeter beträgt etwas mehr als 70 Yuan / Monat (ca. 9,45 Euro). Je näher an der Innenstadt, desto teurer wird das Wohnen. Fast genauso hoch ist der Quadratmeterpreis in Shanghai mit rund 66,3 Yuan / Monat (ca. 8,9 Euro). Am günstigsten wohnt man in den Städten Shijiazhuang, Hohhot, Urumqi und Hefei. Dort kostet der Quadratmeter um die 20 Yuan / Monat (ca. 2,70 Euro). Für typische Expat-Wohnungen mit gehobener Ausstattung fällt allerdings landesweit ein Vielfaches an.

JAC und GAC: China auf vier Rädern

Mehr als 18 Millionen Fahrzeuge werden jedes Jahr in China hergestellt. Damit steht die Volksrepublik an der Weltspitze. Viele der Marken sind freilich im Westen unbekannt, denn es handelt sich um abgespeckte Modelle, die speziell für China entwickelt wurden. Hier die wichtigsten chinesischen Autobauer und ihre Produktionszahlen (zum Vergleich: Das Stammwerk von Volkswagen in Wolfsburg produziert im Jahr rund 800 000 PKWs):

Nr. 10:
JAC Motors *jiānghuái qìchē* 江淮汽车
staatliches Unternehmen, Zusammenarbeit u. a. mit Navistar (USA)
Fahrzeuge pro Jahr: 445 000
Palette: PKWs, LKWs, Omnibusse, Elektroautos

Nr. 9:
GAC Group *Guǎngzhōu qìchē jítuán* 广州汽车集团
staatliches Unternehmen, Zusammenarbeit mit Fiat, Mitsubishi, Toyota, Honda, Isuzu
Fahrzeuge pro Jahr: 728 000
Palette: Vorrangig PKWs

Nr. 8:
Brilliance Auto *huáchén qìchē* 华晨汽车
staatliches Unternehmen, Zusammenarbeit u. a. mit BMW
Fahrzeuge pro Jahr: 944 000
Palette: PKWs, Kleinbusse

Nr. 7:
Chery Automobile *qí ruì qìchē* 奇瑞汽车
staatliches Unternehmen, Zusammenarbeit u. a. mit DaimlerChrysler
Fahrzeuge pro Jahr: 1 200 000
Palette: PKWs, Minivans, SUVs, Traktoren

Nr. 6:
BYD Auto *bǐyādí qìchē* 比亚迪汽车
privates Unternehmen
Fahrzeuge pro Jahr: 1 200 000
Palette: PKWs, Elektrofahrzeuge (derzeit Marktführer weltweit)

Nr. 5:
Chang'an Automobile *cháng'ān qìchē* 长安汽车
staatliches Unternehmen, Zusammenarbeit u. a. mit Ford, Suzuki, Mazda
Fahrzeuge pro Jahr: 2 690 000
Palette: Jeeps, PKWs, Kleinbusse

Nr. 4:
Beijing Automotive Group *běijīng qìchē* 北京汽车
staatliches Unternehmen, Zusammenarbeit u. a. mit Daimler und Hyundai
Fahrzeuge pro Jahr: 3 100 000
Palette: PKWs, Militärfahrzeuge, Busse und landwirtschaftliche Fahrzeuge

Nr. 3:
First Automotive Works (FAW) *Zhōngguó dìyī qìchē jítuán* 中国第一汽车集团
staatliches Unternehmen, Zusammenarbeit u. a. mit Deutz, Volkswagen, Toyota, Mazda
Fahrzeuge pro Jahr: 3 600 000
Palette: Dieselmotoren, Busse, LKWs, PKWs, darunter auch die Staatslimousinen der Marke Rote Fahne Hongqi

Nr. 2:
Dongfeng Motor Corporation *dōngfēng qìchē gōngsī* 东风汽车公司
staatliches Unternehmen, Zusammenarbeit u. a. mit Honda, Nissan, Peugeot Citroën, Kia
Fahrzeuge pro Jahr: 3 760 000
Palette: PKWs, Nutzfahrzeuge

Nr. 1:
SAIC Motor *shàngqì jítuán* 上汽集团
staatliches Unternehmen, Zusammenarbeit mit Volkswagen, General Motors
Fahrzeuge pro Jahr: 4 500 000
Palette: PKWs, Busse, Motorräder und Nutzmaschinen, darunter der legendäre VW Santana, der in den 1990ern allgegenwärtig war

Wer sind die Reichsten im Land?

Einmal im Jahr erscheint in Shanghai die sogenannte Hurun-Reichenliste *húrùn bǎifùbǎng* 胡潤百富榜 des Briten Rupert Hoogewerf, eine Art Hitparade der reichsten Chinesen mit ungefähren Angaben, wie viel sie wert sind. Für viele eine echte Status-Angelegenheit: Wer es auf die Hurun-Liste geschafft hat, ist ein gemachter Mann – oder eine gemachte Frau, denn die Liste ist nicht nur in männlicher Hand. Andere, meist überraschende Neuzugänge, sind weniger begeistert, denn oft steht kurze Zeit später die Steuerfahndung oder sogar die Polizei vor der Tür – nicht jeder kann seinen enormen Reichtum ausreichend erklären. 596 US-Dollar-Milliardäre zählte die Liste 2015, zum ersten Mal mehr als in den USA, davon alleine um die hundert in Beijing, und insgesamt 1877 Menschen mit mehr als einer Milliarde Vermögen in Yuan (umgerechnet also etwas mehr als 140 Millionen Euro), die immerhin 1,3 Prozent aller chinesischen Arbeitskräfte beschäftigen und 4 Prozent des gesamten Steueraufkommens zahlen.

Unter diesen Superreichen gibt es übrigens eine erkleckliche Anzahl von Politikern: 114 von ihnen sind Volkskongressabgeordnete, 79 sind Abgeordnete der Politischen Konsultativkonferenz des chinesischen Volkes (einer Art Beraterparlament) und weitere neun sind Vize-Vorsitzende der chinesischen Industrie- und Handelskammer.

Die elf reichsten Chinesen (die letzten beiden liegen gleichauf):

Rang	Wert (USD)	Name	Geschlecht	Geb.-Jahr	Unternehmen	Branche
1	34 400 Mio. USD	Wang Jianlin & Familie	m	1954	Wanda	Immobilien, Unterhaltung
2	22 700 Mio. USD	Ma Yun & Familie	m	1964	Online-Händler Alibaba	IT
3	21 100 Mio. USD	Zong Qinghou & Familie	m	1945	Lebensmittelkonzern Wahaha	Getränke
4	18 800 Mio. USD	Ma Huateng	m	1971	Tencent	IT, Unterhaltung
5	14 400 Mio. USD	Lei Jun	m	1969	Xiaomi Technology	Mobiltelefone, Investment
6	14 200 Mio. USD	Yan Hao & Familie	m	1986	China Pacific Construction	Straßen
7	13 300 Mio. USD	Li Yanhong & Ma Dongming	m	1968	Baidu	IT

Rang	Wert (USD)	Name	Geschlecht	Geb.-Jahr	Unternehmen	Branche
8	13 000 Mio. USD	Lu Zhiqiang & Familie	m	1952	FanHai	Immobilien, Finanzen, Investment
9	12 700 Mio. USD	Zhang Jindong	m	1963	Suning	Einzelhandel, Immobilien
10	10 200 Mio. USD	Lu Guanqiu & Familie	m	1946	Wanxiang	Autoteile, Immobilien, Landwirtschaft
10	10 200 Mio. USD	Yan Bin	m	1954	Reignwood	Red Bull, Immobilien

Papiergeld: Vorreiter China

Das erste Papiergeld der Welt wurde in China ausgegeben. Wann dies geschah, darin sind sich die historischen Quellen allerdings nicht ganz einig. Oder anders gesagt: Welcher der Vorläufer zählt als vollwertiges Papiergeld? Sicher ist: Die Ersten, die sich mit einer Art Papiergeld anfreunden mussten, waren die Toten. Anstelle der üblichen Geldmünze, mit der sie die Passage ins Jenseits bezahlen sollten, wurde ihnen ab dem 6. Jahrhundert oft nur ein Schuldschein mitgegeben. Gleichzeitig fanden diese (die Schuldscheine, nicht die Toten), dank eines allgemeinen Mangels an Münzen, auch im Diesseits zunehmend Verwendung. Gegen Ende der Tang-Dynastie (618–907) hinterlegten Händler ihr Geld bei den Kaufmannsgilden und erhielten im Gegenzug Inhaberpapiere, die nicht nur erheblich leichter zu transportieren waren als das sperrige Münzgeld, sondern auch bei den Gilden anderer Städte eingelöst werden konnten.

Wenig später begann auch die Regierung, sogenanntes »fliegendes Geld« *fēiqián* 飞钱 gegen Geldeinlage auszugeben. Die ersten gedruckten Geldscheine im Stil des heutigen Geldes kamen schließlich in der Song-Dynastie im Jahr 1120 auf. Im 15. Jahrhundert wurde das Papiergeld allerdings wieder abgeschafft: Zu oft hatten sich die Kaiser durch unkontrolliertes Gelddrucken ohne Deckung die Mittel erhöht, so dass die Scheine stetig an Wert verloren.

Yuan? Kuai? Jiao? Mao? Oder doch Renminbi?

Geld ausgeben ist in China nicht schwer, darüber reden jedoch manchmal schon, was nicht an der Scheu vor Geldfragen liegt, sondern schlicht an der Vielzahl der Begriffe. Offiziell heißt die Währung *rénmínbì* 人民币, kurz RMB, also »Volksgeld«, in den Banken und bei allen offiziellen Gelegenheiten wird sie jedoch als Chinesische *yuán* 元 bezeichnet. Die Yuan wiederum sind in 10 *jiǎo* 角 und 100 *fēn* 分 unterteilt. Im Alltag begegnet man diesen Begriffen nahezu nie. Stattdessen werden die Yuan zu *kuài* 块, die Jiao zu *máo* 毛, nur die Fen dürfen bleiben, spielen aber sowieso praktisch keine Rolle mehr, weil sie einfach zu wenig wert sind. Die früheren Fen-Scheine, wie sie noch zu Beginn des Millenniums oft im Umlauf waren, haben mittlerweile Seltenheitswert, und sogar die Münzausgabe aus Aluminium braucht man nur noch selten.

Wer ist auf den Geldscheinen abgebildet?

Chinas Geldscheine spiegeln den politischen Spagat der Regierung zwischen Sozialismus und Kapitalismus wider: Zum einen muss natürlich Mao Zedong abgebildet sein, schließlich ist er das Symbol des chinesischen Sozialismus schlechthin, und theoretisch handelt es sich noch immer um einen sozialistischen Staat! Andererseits nutzt man die Geldscheine, um die Vielfalt Chinas und seine territoriale Ausdehnung zu demonstrieren. Es gibt daher eine ganze Serie von Geldscheinen, die jeweils zwei Vertreter der nationalen Minderheiten abbilden, also jene Volksgruppen, die sich in Sprache und Kultur von den Han-Chinesen unterscheiden. Interessant ist dabei, dass natürlich auch Minoritäten aus Taiwan und Tibet abgebildet sind, wahrscheinlich, um den volksrepublikanischen Anspruch auf diese Gebiete zu untermauern.

Für alle Yuan-Scheine gibt es daher immer eine Mao-Zedong-Variante in Kombination mit einem bekannten Ort und eine Minoritäten-Variante mit jeweils zwei verschiedenen Minoritätsvertretern:

1 Jiao 角
Vorderseite: Symbol der Volksrepublik
Rückseite: Links ein Chinese der Gaoshan-Minorität, rechts ein Mann der Mandschu-Minorität

2 Jiao 角
Vorderseite: Symbol der Volksrepublik
Rückseite: Links ein Vertreter der Bouyei-Ethnie, rechts Vertreter der koreanischen Ethnie Nordchinas
Auf einer alten Variante von 1962 ist auf der Rückseite die Yangzi-Brücke von Nanjing abgebildet.

5 Jiao 角
Vorderseite: Das Symbol der Volksrepublik
Rückseite: Links ein Vertreter der Miao-Ethnie, rechts ein Vertreter der Zhuang-Ethnie
Auf einer alten Variante von 1962 sind auf der Rückseite Arbeiterinnen einer Textilfabrik abgebildet.

1 Yuan 元
Es gibt ihn in zwei Farbvarianten, Rot und Grün.
Vorderseite rot: Die große Mauer
Rückseite rot: links Yao, rechts Dong
Vorderseite grün: Mao Zedong
Rückseite grün: der Westsee in Hangzhou. Die abgebildeten Inseln wurden allerdings etwas zusammengerückt, in der Realität wären in diesem Format nur je zwei abbildbar.

2 Yuan 元
Vorderseite: links ein Vertreter der Yi-Ethnie, rechts ein Uighure
Rückseite: das Südchinesische Meer

5 Yuan 元
Es gibt zwei Varianten in Braun und Lila.
Vorderseite braun: links ein Hui-Moslem, rechts ein Tibeter
Rückseite braun: Landschaft am Yangzi-Fluss
Vorderseite lila: Porträt Mao Zedongs
Rückseite lila: der Berg Taishan, allerdings als Montage, die Stele und die Landschaft sind aus diesem Blickwinkel eigentlich nicht zusammen zu sehen.

10 Yuan 元
Es gibt drei Varianten, zwei reguläre und eine Olympia-Ausgabe.

Reguläre Ausgabe, Variante 1:
Vorderseite: links ein Mongole der Inneren Mongolei, rechts ein Chinese der Han-Ethnie
Rückseite: der Gipfel des Mount Everest

Reguläre Ausgabe, Variante 2:
Vorderseite: Mao-Zedong-Porträt
Rückseite: die drei Schluchten am Yangzi

Olympia-Ausgabe:
Vorderseite: Nationalstadion oder ›Vogelnest‹
Rückseite: Griechische Statue eines Diskuswerfers, Athleten-Porträts und die Jahreszahl 2008

20 Yuan 元
Vorderseite: Mao-Zedong-Porträt
Rückseite: Landschaft am Lijiang-Fluss

50 Yuan 元
Es gibt zwei Varianten in Gelb und Grün / Lila.
Vorderseite gelb: Porträts eines Intellektuellen, eines Bauern und eines Arbeiters
Rückseite gelb: Hukou-Wasserfall am Gelben Fluss
Vorderseite grün / lila: Mao Zedong
Rückseite grün / lila: Potala-Palast in Lhasa / Tibet

100 Yuan 元
Es gibt zwei Varianten, eine rote und eine grau-blaue.
Vorderseite rot: Mao Zedong
Rückseite rot: Halle des Volkes am Platz des Himmlischen Friedens
Vorderseite grau-blau: frühere chinesische Politiker Mao Zedong, Zhou Enlai, Liu Shaoqi und Zhu De
Rückseite grau-blau: Jinggangshan-Berge

Echten Seltenheitswert haben mittlerweile die kleinformatigen Fen-Scheine (sozusagen die Cents des Yuan), die aufgrund der allgemeinen Teuerung praktisch kaum mehr im Umlauf sind.

Aktien für Oma

1990 wurde die erste Börse Chinas eröffnet – das große Börsenfieber begann. Anders als in Europa sind an Chinas Börsen so ziemlich alle Bevölkerungsschichten vertreten. Von der Rentnerin, die mit Spannung jeden Tag die Kurse checkt, über den steinreichen Großanleger bis zum Arbeiter, der sich das Geld für ein, zwei Aktien abknapst. Doch warum?

So ganz genau lässt sich diese Frage natürlich nicht beantworten. Mit großer Wahrscheinlichkeit kommt die Börsenspekulation der chinesischen Freude am Spielen entgegen. Casinos gibt es nur in Macau, also eine weite Reise entfernt. Alternativ geht man also an die Börse, immer in der Hoffnung auf den ganz großen Coup. 85 Prozent der Börsentransaktionen werden von den rund 200 Millionen Kleinanlegern getätigt – und sie tun es öfter als alle anderen Nationalitäten der Welt: Mehr als 80 Prozent von ihnen kaufen oder verkaufen mindestens einmal im Monat. Dies ist allerdings mit erheblichen Risiken behaftet, denn viele Anleger investieren geliehenes Geld.

Warum wird in China so viel gefälscht?

Diese Frage kann man eigentlich nur mit einer Gegenfrage beantworten: Warum nicht?

Erst 1990, ein gutes Jahrzehnt nach Beginn der Öffnungspolitik, wurde in China das erste Urheberrechtsgesetz eingeführt, das 2001 noch einmal erheblich nachgebessert wurde. Bis dahin waren Persönlichkeitsrechte und geistiges Eigentum schon aus politischen Gründen wenig wert, und ergo war auch kein Unrechtsbewusstsein in diesen Angelegenheiten vorhanden.

Noch zu Beginn der 1990er standen in den Regalen der staatlichen Buchhandlungen zahlreiche raubkopierte westliche Werke, die den chinesischen Studenten so zu einem Bruchteil des Originalpreises zugänglich gemacht wurden. Dass China auch heute noch in der Fälscherstatistik weit oben geführt wird (zusammen mit Ländern, denen man dies erst einmal nicht zugetraut hätte – oder hätten Sie gewusst, dass rund zwei Prozent der Fälschungen aus den USA stammen?), hat schlicht finanzielle Gründe.

53 Prozent aller gefälschten Produkte stammten 2015 aus China, weitere 23 Prozent aus Hongkong. Zusammen sind es Waren im Wert von 132 Millionen Euro, meist Körperpflegeprodukte und Spielzeuge, Schuhe, Uhren, Schmuck und Taschen.

Die schmeichelhafte Erklärung, all die Kopiererei

habe Konfuzius zu verantworten, indem er die Schüler anhielt, ihren Meister zu kopieren, muss man mittlerweile nicht mehr bemühen. Seitdem auch in China eigene, hochwertige Marken entwickelt wurden, mag man sich auch im Reich der Mitte nicht mehr auf Konfuzius berufen, sondern lieber auf das Copyright.

Die neue Seidenstraße

Einst verband die Seidenstraße Ost und West, und geht es nach der chinesischen Regierung, allen voran Präsident Xi Jinping, dann soll sie es bald wieder tun, wenn auch in moderner Form. Unter dem Namen »Neue Seidenstraße« beziehungsweise dem chinesischen Schlagwort »Ein (Meeres-)Gürtel, eine Straße« *yīdài yīlù* 一带一路 sollen die Energie-, Transport- und Informationswege nach Zentralasien, Russland und Europa sowie nach Südostasien ausgeweitet und teils erst gebaut werden. Rund 140 Milliarden USD sind dafür vorgesehen. Dabei geht es nicht nur um zahlreiche Verbindungen auf dem Landweg, sondern auch um diverse Schiffsrouten. Erstaunlicherweise hat das gigantische Projekt im Westen bisher nur wenig Medienaufmerksamkeit bekommen, dabei gibt es mittlerweile handfeste Fortschritte: Ende 2015 wurde zur Finanzierung die Asiatische Infrastrukturinvestment-Bank (AIIB) gegründet, bei der die chinesische Regierung 26 Prozent der Stimmrechte hält. Zudem kündigte die China Development Bank an, gut 890 Milliarden USD in mehr als 900 Projekte der Neuen Seidenstraße zu investieren, verteilt auf 60 Länder. Dabei geht es natürlich nicht nur um die wirtschaftliche Entwicklung Chinas beziehungsweise Eurasiens, sondern auch um die geopolitische Bedeutung des Landes. Gerade dies könnte langfristig aber zu Problemen führen: In vielen Ländern weiß man die Investitionen zwar zu schätzen, befürchtet gleichzeitig aber den Ausverkauf an China.

Ab ins Meer: Hauptsache selbständig

Xià hǎi 下海, »ins Meer springen«, lautete ein verlockendes Schlagwort der 1990er für den Schritt in die Selbständigkeit: Und in der Tat kam es ein wenig einem gewagten Sprung ins kalte Wasser gleich, den sicheren, aber unterbezahlten Job im Staatsbetrieb zu kündigen, alle Sozialleistungen aufzugeben, ja oft sogar die Wohnung zu verlieren, und sich selbständig zu machen. Andererseits: Das Risiko versprach die Chance auf hohe Gewinne und eine ganz neue persönliche Freiheit. Diese Anziehungskraft ist bis heute geblieben. 2015 wurden täglich rund 12 000 neue Unternehmen in China angemeldet. Insgesamt sollen es rund 130 Millionen Selbständige sein, wobei man davon ausgehen darf, dass sich gerade Kleinstunternehmer nicht unbedingt behördlich melden.

Der größte Hafen der Welt

Der liegt natürlich in China – wo sonst? Dies allerdings erst seit einigen Jahren. Bis zu Beginn des Jahrtausends belegte Singapur in dieser Hinsicht den Spitzenplatz. Doch dann wurde der neue Tiefseehafen Yangshan vor Shanghai gebaut, und alle bestehenden Anlagen schließlich 2006 zusammengeführt. Seither steht Shanghai auf Platz 1 sowohl in Bezug auf das Gewicht der umgeschlagenen Waren in (Millionen) Tonnen als auch bei der Anzahl abgefertigter Container: 2015 waren es 36,54 Millionen Standardcontainer.

Seit wann gibt es Supermärkte in China?

Ziemlich lange kam man im Reich der Mitte gut ohne Supermärkte aus. Erst 1990 wurde der erste Supermarkt in westlichem Stil eröffnet. 2003 waren es schon 60 000 im gesamten Land. 2005 durften schließlich auch rein ausländische Unternehmen nach China expandieren. Seither gibt es kein Halten mehr, in nahezu jeder Stadt sind gleich mehrere Supermärkte zu finden. Ob man diese Entwicklung bedauern will, ist Ansichtssache. Für eine ausgewogene Betrachtung der Frage lohnt es sich aber auf alle Fälle, noch mal einen Blick auf den Fleischstand eines traditionellen Marktes zu werfen, wo die Fleischstücke gelegentlich bis zu zwölf Stunden fliegenumschwirrt in der Hitze hängen.

Den ersten Selbstbedienungsladen konnten die Chinesen bereits 1983 in Beijing bestaunen, weitere Geschäfte folgten in Shanghai und Guangzhou. Auch die Freundschaftsläden, in denen ausländische Waren verkauft und einheimische Waren an Ausländer abgegeben wurden, waren im Prinzip als Selbstbedienungsläden organisiert. Doch für viele Chinesen geht es natürlich nicht um die Form des Einkaufens, sondern vor allem um das Angebot: Ausländische Waren aus den jeweiligen Heimatländern von Carrefour, Wellcome, Jusco oder Walmart gelten als »sicher«, also als besser kontrolliert und daher als gesünder.

Das kulinarische China

Eine typische chinesische Küche gibt es eigentlich nicht: Was in europäischen China-Restaurants auf der Speisekarte steht und damit das Bild der chinesischen Küche prägt, ist eine bunte Mischung aus westverträglichen Gerichten der kantonesischen Küche und einigen Höhepunkten der anderen Regionalküchen – natürlich in adaptierter Form, denn kaum ein westlicher Gaumen würde beispielsweise den Kontakt mit einer authentischen Portion Sichuan-Pfeffer zu schätzen wissen, geschweige denn genießen.

Nichts geht über Schwein!

Pro Jahr verzehren die Chinesen pro Kopf:

- 32 Kilo Schweinefleisch
- 11,4 Kilo Geflügel
- 3,6 Kilo Rindfleisch
- 2,8 Kilo Schaf- und Lammfleisch.

Kein Wunder, dass China mit rund einer halben Milliarde die größte Schweinepopulation der Welt hat.

Was macht die chinesische Küche aus?

Zu den wichtigsten Gewürzen gehören landesweit:

- Knoblauch
- Ingwer
- Sichuan-Pfeffer
- Chili
- Reiswein
- Anis
- Nelken
- eingelegte Lilien
- Essig
- Zucker
- Sojasoße
- Hoisinsoße
- Austernsoße
- geröstetes Sesamöl

Generell unterteilt man in China acht regionale Küchen mit vielen Crossover-Varianten, die nach den acht Provinzen Sichuan, Hunan, Shandong, Jiangsu, Anhui, Fujian, Guangdong und Zhejiang benannt sind. Die Schwächen dieses Modells liegen auf der

Hand: Wie steht es um die Provinzen, die nicht explizit genannt sind? Oder den gigantischen Nordwesten Chinas? Andere Modelle sprechen daher von nördlicher, westlicher, südlicher und östlicher Küche. Merken muss man sich allerdings nur eines: Es gibt eine enorme Vielfalt an Gerichten in China, die sich regional stark unterscheiden. Als Nicht-Chinese sollte man zudem im Hinterkopf behalten, dass Gerichte aus der Sichuan- und Hunan-Küche extrem scharf sein können.

Weißes Gold

China ist mit rund 200 Millionen Tonnen der weltweit größte Reisproduzent. Und nicht nur das, ein Großteil der Ernte wird im eigenen Lande verzehrt. Dass Reis so eine große Rolle spielt, liegt nicht nur an den kulinarischen Vorlieben oder den klimatischen Bedingungen: China hat sich enorm in der Entwicklung neuer Reissorten engagiert. So gelang es dem Agrarwissenschaftler Yuan Longping in den 1970ern (übrigens ohne Gentechnik), den ersten Hybridreis weltweit zu züchten, der mit bis zu 30 Prozent mehr Ertrag glänzt als herkömmliche Sorten. Heute wird auf mehr als der Hälfte aller südchinesischen Reisfelder Hybridreis angebaut.

Wie wird Reis angebaut?

Landwirtschaftliche Maschinen, die den Großteil der Arbeit erledigen – davon können die meisten chinesischen Bauern nur träumen. Zum einen sind sie für die meisten zu teuer, zum anderen eignen sich die steilen Terrassenfelder einfach nicht für den Einsatz von Maschinen. Also bleibt nichts anderes übrig als harter, körperlicher Einsatz: Die kleinen Reis-Setzlinge müssen separat gezogen und dann per Hand in das geflutete Beet gesetzt werden. Mit ein bisschen Glück bleibt die Temperatur die nächsten 100 bis 250 Tage (je nach Reissorte) konstant zwischen 30 und 35 Grad, andernfalls kommt es zu Ernteausfällen. Doch auch dann kann sich der Bauer nicht zurücklehnen, denn die Regulierung des Wasserstands erfordert viel Fingerspitzengefühl: Nicht zu viel und nicht zu wenig darf es sein, wobei eine gewisse Abflussgeschwindigkeit dafür sorgt, dass sich keine Algen bilden, ohne dass die Nährstoffe ausgespült werden. Bis zu 5000 Liter Wasser braucht der Landwirt, um ein Kilo Reis zu produzieren. Für die Ernte wird das Wasser aus dem Beet gelassen und das Getreide per Hand gemäht. Zum Trocknen wird der Reis oft auf der Landstraße ausgebreitet, so dass ihn die passierenden Autos quasi nebenbei dreschen. Erst danach kann er geschält und poliert werden, bis er schließlich verkaufsfertig ist.

Alles nur Reis?

Einmal quer durch China verläuft der Weizen-Reis-Äquator: Nördlich davon wird aus klimatischen Gründen Weizen statt Reis angebaut. Seit jeher isst man im Norden Fladen, Maultaschen, Dampfnudeln und natürlich Nudeln. Wie bei so vielem steht China mit einer Produktion von 130 Millionen Tonnen auch beim Weizen weltweit an der Spitze.

Je nach Region wird er allerdings unterschiedlich verarbeitet: Im Nordosten sind die spätzleartigen *yāmiàn* 压面 (Pressnudeln) typisch, im Norden und Nordwesten die gezogenen Nudeln *lāmiàn* 拉面 und im Südosten die auf einem Holzgestell langgezogenen Fadennudeln *xiànmiàn* 线面. Nur die Glasnudeln *fěnsī* 粉丝 haben mit dem Weizen wenig zu tun, denn sie bestehen aus Mungbohnenstärke.

Die Vielfalt der Teigtaschen

<table>
<tr><td>jiǎozi 饺子</td><td>Mit Fleisch und Gemüse gefüllte Weizen-Teigtaschen</td><td rowspan="3">Ursprünglich Nord-/ Mittelchina, heute landesweit</td></tr>
<tr><td>shuǐjiǎo 水饺</td><td>Gedämpfte Jiaozi</td></tr>
<tr><td>guōtiē 锅贴</td><td>Gebratene Jiaozi</td></tr>
</table>

hùndùn 混沌	Teigtaschen aus Weizen-Ei-Teig, gebraten oder in der Suppe gekocht	Im Westen als Wantan bekannt
xiǎolóngbāo 小笼包	Mit Fleisch und Brühe gefüllte Teigtaschen, gedämpft	In Shanghai und an der Ostküste verbreitet
shēngjiānbāo 生煎包	Mit Fleisch und Brühe gefüllte Teigtaschen, in der Pfanne gebraten	
diǎnxīn 点心	Sammelbegriff für Teigtaschen aller Art	Im Westen als Dim Sum bekannt, meist in Hongkong und der Provinz Guangzhou serviert
bāozi 包子	Dicke Dampfnudeln mit Fleisch- oder Gemüsefüllung	Ursprünglich Nordchina, heute landesweit
mántóu 馒头	Dicke Dampfnudeln ohne Füllung	Eher in Nordchina als Beilage verbreitet
shāomai 烧卖	Gefüllte Teigtaschen, meist mit Fleisch und Krabben, gedämpft	Eher im Süden und Südwesten verbreitet

Die verschmähte Knolle

Reis, Nudeln, Dampfnudeln, Fladenbrot … In Sachen Beilagen hat China viel zu bieten. Nur die Kartoffel *tùdōu* 土豆 will sich nicht so recht etablieren.

In Form von Pommes frites gibt es sie dank der internationalen Fastfood-Ketten zwar seit einigen Jahrzehnten, und auch als Gemüse ist sie schon länger bekannt. Als echte Sättigungsbeilage gilt sie jedoch nicht. Dabei ist das Reich der Mitte mit mehr als 100 Millionen Tonnen im Jahr bereits jetzt schon der weltweit größte Produzent – was allerdings daran liegt, das China immer aufgrund seiner Größe schnell an der Weltspitze liegt.

Geht es nach der chinesischen Regierung, steht die große Stunde der Kartoffel noch bevor. Sie ist nicht nur anspruchsloser als die Getreide-Diva Reis, sondern auch weniger arbeitsintensiv.

Iss dich stark und wichtig

»Du bist, was du isst«, gilt in China gleich doppelt: Wer sich viel und gutes Essen bestellt, zeigt, dass er sich was leisten kann. Auf einem anständigen Bankett oder Festessen gehört es zum guten Ton, so viel auffahren zu lassen, dass es beim besten Willen nicht annähernd zu schaffen ist. Isst der Gast den Teller leer, kann es nur eine Schlussfolgerung geben: Es war nicht genug, er hat noch Hunger!

Wichtig ist aber auch die Auswahl der Gerichte, denn die Eigenschaften, die den Nahrungsmitteln zugesprochen werden, gehen nach traditioneller

Auffassung auf den Konsumenten über. Leopardensteak beispielsweise dürfte ziemlich zäh schmecken, ist aber a) richtig teuer (Status!) und b) angeblich eine echte Quelle von Kraft und Ausdauer – es weckt quasi den Leoparden im Mann. Auch von den folgenden Zutaten verspricht man sich einen positiven Einfluss – um nur ein paar zu nennen:

Was?	**Vermeintlicher Nutzen**
Walnuss	gut fürs Gehirn (aufgrund der optischen Ähnlichkeit)
Seegurke	potenzfördernd
Haifisch	macht die Haut widerstandsfähig
Tigeraugen	gegen Epilepsie
Tigergalle	gegen Krämpfe
Schlange	potenzfördernd
Tigerpenis	potenzfördernd
Bärenhoden	potenzfördernd
Schildkröte	lebensverlängernd (denn auch Schildkröten leben lang)
Seepferdchen	potenzfördernd und gut für die Nieren
Schlangenschnaps	gegen Arthritis, gut für die Haut
Ameisen	zur Verjüngung von Körper und Geist

Wo gibt es gebratenen Penis?

Das Beijinger Restaurant *Guōli Zhuàng* 鍋裡壯 hat sich auf potenzsteigernde Gerichte spezialisiert und bereitet vor allem männliche Geschlechtsteile verschiedener Tierarten zu.

Kaiserküche

Tausende Köche und Küchenangestellte waren im Alten China für die Verpflegung des Kaisers zuständig. Noch zum Ende der letzten Dynastie zu Beginn des 20. Jahrhunderts wurden am Kaiserhof mehr als 2000 Kilo Fleisch pro Monat verarbeitet, um den Kindskaiser und die Kaiserinwitwe sowie die vier ranghöchsten Konkubinen zu verköstigen. Meist wurde dem Kaiser und seiner engsten Entourage eine Auswahl von bis zu hundert Gerichten zubereitet.

Wer hat die Nudel erfunden?

Auch wenn man das in Italien nicht gern hört: Die ältesten Nudeln der Welt sind beziehungsweise waren chinesischen Ursprungs. Den endgültigen Beweis lieferten im Jahr 2005 Ausgrabungen in Lajia am Gelben Fluss, in deren Verlauf der Geologe Lu

Houyuan eine umgekippte Schüssel Hirse-Nudeln entdeckte, die der Löss luftdicht eingeschlossen hatte. Glücklicherweise trug Lu nicht nur eine Kamera bei sich, sondern knipste auch blitzschnell einige Aufnahmen der 4000 Jahre alten Mahlzeit, bevor die Nudeln durch den Kontakt mit dem Luftsauerstoff zu Staub zerfielen. Mit den Nudeln von Lajia stellt China also alle historischen italienischen Nudeln in den Schatten. Möglich wäre jedoch auch, dass die Nudel ganz unabhängig davon auch in Italien noch einmal erfunden wurde. Das wiederum hören die Chinesen nicht so gerne.

Ein Leben ohne Rohkost

Rohe Nahrung ist barbarisch, findet man zumindest in China. Mehr muss man dazu eigentlich nicht sagen, zumal der Genuss von ungekochtem Gemüse einen nicht selten zu längeren Toilettenaufenthalten verdonnert. Gerade labile westliche Mägen sollten nicht auf Salat oder ungeschältem Obst bestehen: Bis heute wird auf vielen Feldern mit menschlichen Exkrementen gedüngt.

Das böse Glutamat

Allergisch gegen Glutamat *wèijīng* 味精? Diese Aussage ruft in China Ratlosigkeit hervor. Kann das weiße Pulver denn Sünde sein? Fakt ist: Es wird viel und gern verwendet, vor allem auf dem Nachtmarkt und in Restaurants. Das China-Restaurant-Syndrom ist im Reich der Mitte bisher dennoch unbekannt. Interessanterweise gibt es auch im Westen keine wissenschaftlichen Studien, die die negative Wirkung des Glutamats belegen. In Anbetracht der zahlreichen Lebensmittelskandale ist das Glutamat im Essen wahrscheinlich für die meisten sowieso das geringste Problem.

Chinesisches Frühstück

Man muss es gleich vorneweg sagen: In großen Hotels gibt es landesweit immer auch ein westliches Angebot. Und das ist gut so, denn das klassische chinesische Frühstück ist für europäische Besucher eher gewöhnungsbedürftig. Süße Speisen gibt es auf chinesischen Frühstückstischen nahezu gar nicht, stattdessen wird Deftiges aufgetischt.

Zu den Klassikern gehören:

- dünner Reisbrei *zhōu* 粥, der mit eingelegtem Gemüse, Tofu, Erdnüssen und Ei aufgepeppt wird
- Sojamilch *dòujiāng* 豆浆, allerdings ungesüßt
- Wantan-Suppe *húndun tāng* 混沌, also Brühe mit kleinen wabbeligen Teigtaschen mit Fleischfüllung
- Sesambrötchen *sháobīng* 烧饼
- Teigtaschen mit Fleischfüllung, gedämpft als *jiǎozi* 饺子 oder gebraten als *guōtiē* 锅贴
- Nudeln *miàntiáo* 面条, in einer Suppe oder gebraten

Vieles davon wird auch in Garküchen am Straßenrand angeboten, denn in China ist es weitaus üblicher, auswärts zu essen. Will das Hotelfrühstück nicht recht munden, lohnt es sich daher, einfach einen kleinen Spaziergang vor acht Uhr zu unternehmen.

Typische morgendliche Straßensnacks sind:

- frittierte Hefeteig-Stangen *yóutiáo* 油条
- gefüllte Dampfnudeln *bāozi* 包子
- mit Frühlingszwiebeln und Ei gefüllte Pfannkuchen *jiānbing* 煎饼

Die Liebe zum Knochen

Ente, Huhn und manchmal sogar auch das Schweinefleisch: In China hegt man eine große Vorliebe für Fleisch am Knochen. Hühnchen werden beispielsweise als Ganzes kleingehackt und dann gekocht oder gebraten. Für Reisende, die ohnehin mit den Stäbchen kämpfen, ist das mitunter eine echte Hürde. Denn mit der Hand zugreifen gehört sich nicht.

Doch wie geht es richtig? Kleine Stücke nimmt man mit den Stäbchen auf und steckt sie komplett in den Mund, wo man sie abnagt. Der Knochenrest wird per Stäbchen dann wieder nach draußen befördert. In sehr guten Restaurants legt man die Knochen auf den Teller, in billigeren auf den Tisch. In extrem ländlichen Gegenden spuckt man sie auch schon mal auf den Boden. Letzteres empfiehlt sich allerdings nur, wenn man wirklich sicher ist, dass dies die akzeptierte Methode ist.

Bleibt die Frage: Warum tun Chinesen das? Lokaler Meinung nach schmeckt Fleisch am Knochen einfach besser, saftiger und intensiver, nicht zuletzt, weil das Knochenmark mitgekocht wird.

Was blubbert da auf dem Tresen?

Egal ob im 24-Stunden-Laden oder im kleinen Dorfimbiss, oft steht auf der Theke neben der Kasse ein heißer Metallbehälter, in dem Eier in einer braunen Brühe schwimmen und einen seltsamen Geruch absondern. Dahinter steckt ein gar nicht so furchterregender Snack: die Tee-Eier *cháyè dàn* 茶叶蛋. Sie werden gekocht, die Schale angeschlagen und dürfen dann in einem heißen Tee-Sud mit Sojasoße und allerhand Gewürzen weiterköcheln.

Hund und Katze erkennen

Die Furcht, man könne ihm am Ende Hund, Katze oder Schlimmeres vorsetzen, begleitet manch einen Reisenden in China bis zum letzten Tag der Reise. De facto ist dies jedoch eher selten, denn in den Restaurants gilt: je skurriler, desto teurer.

Am ehesten begegnet man noch der Schildkröte. Da sie oft im Ganzen in der Suppe schwimmt und dem Gourmet glasig ins Gesicht blickt, ist auch sie für viele eine Appetitbremse. Andere ausgefallene Fleischsorten findet man vor allem im Süden Chinas, also in der kantonesischen Küche. Doch auch dort offenbaren sich viele Gerichte nur dem Eingeweihten.

Weil Hund oder Katze auf der Speisekarte offensichtlich doch nicht so schön aussehen, haben sich einige euphemistische Begriffe eingebürgert:

tiánjī 田鸡 = Feldhuhn = Frosch
tiánjī kòu 田鸡扣 = Feldhuhn-Schnalle = Froschmagen
shuǐyú 水鱼 = Wasserfisch = Schildkröte
guǒlí 果狸 = Obst-Marderhund = Zibetkatze
xiāngròu 香肉 = Duftfleisch = Hund
hǔ 虎 = Tiger = Katze
lóng 龙 = Drache = Schlange
lóng hǔ fèng dàhuì 龙虎凤大会 = Drachen, Tiger und Phönix treffen sich = Ragout aus Schlangen-, Katzen- und Hühnerfleisch
bàn shépí 拌蛇皮 = Gemischte Schlangenhaut = Quallensalat
niǔ bǎiyè 牛百叶 = Hundert Seiten vom Rind = Rindermagen

Die SARS-Epidemie hat der Freude an ausgefallenen Fleischsorten übrigens einen echten Dämpfer versetzt, sprang doch der Virus wahrscheinlich von einer Zibetkatze auf den Menschen über.

Die beliebtesten Gerichte der Ausländer

So unterschiedlich die Geschmäcker in der Heimat sind, so sehr scheinen wir Westler uns kulinarisch in China einander anzunähern, fast als wären wir auf eine Handvoll Speisen programmiert. Diese Klassiker scheinen jeder Langnase zu schmecken:

- *gōngbǎo jīdīng* 宫保鸡丁 = Hühnchen nach Art der Palastwachen (Huhn mit Chili und vielen Erdnüssen)
- *mǎyǐ shàng shù* 蚂蚁上树 = »Die Ameisen krabbeln auf den Baum.« Krabbelviecher sind natürlich keine drin, hinter dem illustren Namen verbergen sich scharfe Glasnudeln mit Hackfleischsoße und Chili.
- *yúxiāng qiézi* 鱼香茄子 = Fischduft-Auberginen. Auch dieser Name täuscht, denn das Gericht ist meist vegetarisch und lockt mit einer sauer-süß-scharfen Soße.
- *guōtiē* 锅贴 = in der Pfanne gebratene Teigtaschen mit Fleischfüllung und einem Essig-Dipp
- *niúròu lāmiàn* 牛肉拉面 = gekochte, handgezogene Nudeln mit Rindfleisch
- *niúròu chǎomiàn* 牛肉炒面 = gebratene, handgezogene Nudeln mit Rindfleisch
- *suānlà zhūròu* 酸辣猪肉 (auch: *tángcù lǐjǐ* 糖醋里脊) = süßsaures Schweinefleisch

- *mápó dòufu* 麻婆豆腐 = Tofu in Hackfleischsoße mit Sichuanpfeffer und Chili

Chinesische Gerichte, die keine sind

- Glückskekse: Sie wurden wahrscheinlich um 1918 in den USA von chinesischen oder japanischen Einwanderern erfunden. Mittlerweile gibt es sie auch in China, wo sie als westlicher Import gelten.
- Chop Suey: stammt ebenfalls aus den USA und ist wahrscheinlich eine sprachliche Mischung aus »chopped« = kleingehackt und dem chinesischen Sui = Schwein.
- Praktisch alle anderen Gerichte, die sich in Deutschland auf chinesischen Speisekarten finden, wobei die Authentizität mit der Einwohnerzahl abnimmt. Will heißen: In Großstädten wie Berlin und Frankfurt gibt es eine ganze Reihe von Restaurants, in denen es wirklich schmeckt wie im Reich der Mitte. Je kleiner der Ort, desto größer ist die Chance, eine germanisierte Karte vorgesetzt zu bekommen. Deren Gerichte zeichnen sich meist durch zwei Eigenschaften aus: Sie sind lasch gewürzt und beinhalten ein Potpourri an verschiedenen Gemüsesorten. In China hingegen beschränkt man sich meist auf eine oder zwei Gemüsesorten.

Kein »mein« und »dein« auf dem Tisch

Während jeder in Europa im Restaurant grundsätzlich ein eigenes Gericht aussucht, das auch allein verzehrt wird, bestellt man in China immer gemeinsam für alle Teilnehmer der Runde. Bei der Anzahl der Gerichte gilt generell die Formel »Anzahl der Menschen plus eins« – oder mehr. Sechs Freunde bestellen also gemeinsam mindestens sieben Gerichte, die auf einer Drehplatte in der Mitte des Tisches platziert werden. Dort bedient sich jeder nach Belieben. Europäer, die nur für sich alleine bestellen und auf einer eigenen Platte beharren, wirken schnell ein wenig sonderlich.

Wo bleibt der Reis?

Die dampfenden Gerichte stehen längst auf dem Tisch, die Stäbchen liegen einsatzbereit in der Hand, der Magen knurrt … fehlt nur noch der Reis, und der braucht ziemlich lang. Dies liegt jedoch nicht daran, dass die Bedienung besonders vergesslich wäre: In klassischen chinesischen Restaurants ist der Reis eine unbedeutende Beilage, Füllmaterial, mit dem man die letzten Soßenreste aufnimmt und den Magen füllt, falls die Hauptgerichte nicht ausreichend waren – was niemals der Fall ist. Er wird daher immer zum Schluss serviert, sofern man ihn nicht explizit

»für jetzt« bestellt. Gerade bei Einladungen kann das eine heikle Angelegenheit sein, signalisiert sie doch, dass nicht genügend »gute« Sachen aufgetischt wurden und der Gast zum schnöden Reis greifen muss, um satt zu werden.

Wo bleibt der Nachtisch?

Gebackene Banane mit Honig, Eis und Wackelpudding, wie man sie an chinesischen Büfetts in Europa findet, gibt es in China NICHT. Wenn ein chinesisches Menü zu Ende geht, dann sind die Teilnehmer der Runde entweder pappsatt, oder es war sowieso kein anständiges Essen. Ein Dessert ist gar nicht erst vorgesehen. Bestenfalls wird ein Teller mit geschältem Obst serviert, von dem sich alle am Tisch bedienen.

Fremde Sitten bei Tisch

Auch in China kann man sich bei Tisch kapital danebenbenehmen – nur eben anders als in Europa.

Das geht in Ordnung:

- leise rülpsen
- Rauchen bei Tisch (auf dem Lande)
- Zähne von Fleischresten säubern (auf dem Land)

Gegen jede Etikette:

- Nase schnäuzen bei Tisch
- Stäbchen senkrecht in den Reis stecken (so werden die Totenspeisen am Altar serviert)
- nur sich selbst einschenken
- den Teller restlos leer essen

Eine lauwarme Angelegenheit

Draußen ist es heiß, der Mensch hat Durst, da gibt es nur eines: Endlich ein … lauwarmes Glas Wasser. *Kāishuǐ* 开水 ist das Nationalgetränk der Chinesen schlechthin, denn es wirkt ausgleichend auf den Körper. Trinkt man es zu kalt, sinkt aus TCM-Sicht die Körpertemperatur zu sehr, und das Blut ist nicht mehr so flüssig. Der Name ist allerdings doppeldeutig: Kaishui ist abgekochtes Wasser, das in der Regel einfach noch warm ist, wenn man es aus dem Samowar holt. Wer Kaishui ordert, meint daher nicht nur warm, sondern auch abgekocht, und das ist in China erst einmal keine schlechte Idee: Das Wasser in den Großstädten ist zwar relativ sauber und vielleicht sogar trinkbar, darauf verlassen sollte man sich nicht. Und auf dem Land ist sowieso klar: erst abkochen, dann trinken. Auch Chinesen halten sich an diese Regel. Gut möglich also, dass die TCM-Regel einen sehr nachvollziehbaren Grund hat.

Unterwegs in Europa, vermissen Chinesen ihr lauwarmes Lieblingsgetränk ganz besonders, denn kaltes Wasser direkt aus dem Kühlschrank oder mit Kohlensäure gilt als ungesund. Dass heute in praktisch jedem besseren europäischen Hotelzimmer ein Wasserkocher steht, haben wir übrigens dieser Vorliebe chinesischer Gruppenreisenden zu verdanken.

Warum tragen Chinesen dauernd Urinproben mit sich herum?

Tun sie natürlich nicht, aber man kann es keinem Reisenden verübeln, wenn er es glaubt. Denn vom Taxifahrer bis zur Verkäuferin tragen viele Menschen ein durchsichtiges Glasgefäß mit einer gelben Flüssigkeit mit sich herum. Der Inhalt: grüner Tee. Morgens wirft der Tee-Freund schnell ein paar Teeblätter ins Schraubglas und füllt dann alle paar Stunden Wasser nach. Drei- bis viermal Aufbrühen verträgt ein guter Tee allemal. Hübsch sieht das zwar nicht aus, ist aber die einfachste Variante, denn mit dem Teebeutel kann man sich in China nicht anfreunden.

Fünf Sachen die man noch mit Tee machen kann

- Haare waschen
- Kopfkissen füllen
- Blumen düngen
- Seide waschen
- Moskitos vertreiben. Dazu muss man den getrockneten Tee verbrennen.

Chinesisches Bier

Oft heißt es, die Deutschen hätten das Bier nach China gebracht. Das ist nur begrenzt richtig: Bereits in der Shang-Dynastie, also vor gut 3000 Jahren, wurde aus Hirse und zahlreichen anderen Zutaten wie verschiedenen Obstsamen und Hefe Bier gebraut. Geschmacklich mag es sich von der europäischen Variante sehr stark unterschieden haben, die chemischen Vorgänge jedoch waren ähnlich. Das Bier nach europäischer Brauart wurde Ende des 19. Jahrhunderts nach China gebracht. Vorreiter war die Tsingtao-Brauerei in der deutschen Kolonie Qingdao. Ab 1904 wurde und wird hier Bier nach deutschem Reinheitsgebot gebraut. 1992 kamen die ersten internationalen Biermarken nach China. Heute ist China mit 400 Hektolitern der weltweit größte Produzent von Bier, fast jede Stadt hat mindestens eine eigene

Biermarke. Der Grund dafür ist recht trivial: Bier passt zu fast jedem chinesischen Gericht und ist vergleichsweise günstig.

Die fünf bekanntesten Biersorten Chinas:

1. *Snow Beer* (Verbrauch: 10,3 Milliarden Liter pro Jahr) wird von China Resources Snow Breweries Ltd. hergestellt, einem Joint Venture zwischen dem britischen Brauer SABMiller und dem chinesischen Unternehmen China Resources Enterprises. Derzeit steht es weltweit an erster Stelle.
2. *Tsingtao* (Verbrauch: 5,2 Milliarden Liter) wird nach deutschem Rezept hergestellt und ist der Bier-Exportschlager Chinas.
3. *Yanjing* (Verbrauch: 3,8 Milliarden Liter), ebenfalls eine lokale Marke, die in Beijing gebraut wird.
4. *Harbin* (Verbrauch: 2,8 Milliarden Liter) ist eine Marke der belgischen Brauerei Anheuser-Busch InBev.
5. *Laoshan* (Verbrauch: 1,5 Milliarden Liter) ist das einzige Pils unter den Top-Marken und stammt ebenfalls aus der Tsingtao-Brauerei.

Anleitung für einen gepflegten chinesischen Kater

Wer sich einheimisch und effizient die Kante geben will, kommt um den *báijiŭ* 白酒, wörtlich »weißer Alkohol«, nicht herum. Er ist jedoch mit Vorsicht zu genießen, denn das Wort »Rachenputzer« beschreibt den potenten Klaren nicht annähernd. Je nachdem, wie viel der Trinker investiert, variiert die Qualität zwischen Haushaltsreiniger und edlem Gesöff.

Der beliebteste weiße Alkohol:

Máotái 茅台酒: mehrfach destillierter Klarer aus Weizen und Sorghum mit rund 55 Prozent Alkohol. Landesweit vereinfacht er geschäftliche und diplomatische Verhandlungen durch seine schnelle Wirkung. Trotz beeindruckender Preise ist die Nachfrage so groß, dass es immer wieder zu Lieferengpässen kommt.

Gāoliáng 高粱: Der ordinäre Hirse-Bruder des Maotai. Mit 60 Prozent Alkohol räumt er sogar noch ein wenig schneller Verhandlungshindernisse aus dem Weg, sorgt aber auch für schwere Stunden am nächsten Morgen.

Erguōtóu 二锅头: Dieser über 50-prozentige Hirseschnaps ist ein eher günstiges Rauschmittel und wird vor allem in Beijing von fliegenden Händlern verkauft.

Wŭliángyè 五粮液: Dieser Schnaps besteht aus Reis, Klebreis, Weizen und Mais und gilt als Spezialität.

Wer am nächsten Tag einsatzfähig sein will, meidet den Baijiu und bleibt beim Reiswein, zum Beispiel dem Shaoxing aus der gleichnamigen Stadt. Er gehört zu den hochpreisigeren Reisweinen, ist dafür aber weniger schädelspaltend.

Hauptsache rot

Bis in die 1980er brauchte es einiges an Mut, um sich in China eine Flasche Wein zu bestellen: Entweder war er importiert und damit gesalzen teuer (aber nicht zwingend von hoher Qualität) oder aber ein einheimisches Produkt von zweifelhaftem Ursprung. Etiketten, auf denen auf Chinesisch »echt französisch« vermerkt war oder Namen wie »Chatau be Roiussinogl« prangten, ließen ahnen: Hier könnte das Weinerlebnis weniger erfreulich verlaufen.

Seither ist viel passiert: Geht man nach der Weinanbaufläche, steht China seit 2014 mit 799 000 Hektar nun sogar weltweit an zweiter Stelle und hat schon Frankreich (792 000 Hektar Anbaufläche) überholt.

Nur die Spanier verfügen mit mehr als einer Million Hektar über größere Anbauflächen. Allerdings liegt Frankreich bei der Weinproduktion dann doch wieder vorne: 46,6 Millionen Hektoliter wurden hier 2014 erzeugt, in China sind es immerhin 11,2 Millionen Hektoliter.

Wein trinken hat in China viel mit Image zu tun. Hier gilt: Du bist, was du trinkst. Und französischer Wein, vor allem die Weine der großen Chateaux, haben nun mal den Ruf, die teuersten der Welt zu sein. Rotwein ist in China sehr viel beliebter als Weißwein, rund drei Viertel des Weinverbrauchs entfällt auf den Roten. Und das liegt nicht nur am Geschmack: Rot ist eine glückbringende Farbe – da bietet es sich geradezu an, auf Hochzeiten oder nach erfolgreichen Verhandlungen mit Rotwein anzustoßen.

Das tägliche Gift: Lebensmittelskandale

Kaum eine Angelegenheit beschäftigt die chinesischen Verbraucher so sehr wie die Lebensmittelsicherheit. Grund genug haben sie: Seit vielen Jahren folgt in China ein Lebensmittelskandal quasi auf den nächsten. Der Babymilch-Skandal von 2008 schaffte es sogar dauerhaft in die westlichen Medien: Verschiedene Hersteller hatten Babynahrung mit Melamin versetzt, einer Chemikalie, die für die

Herstellung von Plastik genutzt wird, um einen höheren Proteingehalt vorzutäuschen. 300 000 Kinder erkrankten, mindestens sechs davon starben. Seither ist das Vertrauen der Chinesen in einheimisches Milchpulver zutiefst erschüttert. Wer es sich leisten kann, kauft ausländische Ware, und wenn er dafür viele hundert Kilometer fahren muss. Selbst in Hongkong ist Milchpulver seither Mangelware, ja sogar in Deutschland waren die Regale zeitweise komplett leer geräumt. Aus gutem Grund, denn 2010 wurde erneut mit Melamin verseuchtes Milchpulver entdeckt.

Und das sind leider nicht die einzigen Missstände: Vom DDT in Gemüsekonserven, mit Formaldehyd konservierten Kohlköpfen und dank großzügigem Einsatz von Wachstumsbeschleunigern explodierenden Wassermelonen bis zu vergiftetem oder gar 40 Jahre altem Fleisch und – mein Favorit – recyceltem Speiseöl aus Abwasserkanälen: Fast täglich werden ähnliche Probleme in den Medien gemeldet. All diese ekligen Auswüchse basieren auf einer explosiven Mischung aus Geldgier, mangelnder Kontrolle und manchmal einfach nur Unkenntnis. Rund 200 Millionen Bauernhöfe gibt es in China, die im Durchschnitt gerade mal 0,6 Hektar Land bebauen, und rund eine halbe Million lebensmittelverarbeitende Betriebe, die meisten davon Kleinunternehmen mit weniger als 10 Angestellten. Kein Wunder, dass es nicht gerade leichtfällt, die alle zu kontrollieren. Ein neues Superministerium soll die Sache seit 2013 wieder richten: Die »General Food and Drug Administration« wurde eigens geschaffen, um die Lebensmittelsicherheit zu überprüfen.

Fastfood in China

Nirgendwo sonst auf der Welt darf sich die Fastfood-Küche über derart gigantische Wachstumszahlen freuen wie in China. Und das, obwohl der erste McDonald's erst 1992 in Beijing eröffnet wurde. Seither gibt es kein Halten mehr. Rund 2200 Filialen zählt McDonald's in China, bis 2021 sollen 1000 weitere dazukommen. Unrealistisch ist das nicht: Die Konkurrenten von Kentucky Fried Chicken (KFC) stehen mit mehr als 5000 Restaurants sogar noch besser da.

Die Gründe für den Burger- und Chicken-Boom sind vielfältig. Westliches Fastfood ist nicht nur angesagt, es kommt auch der chinesischen Tradition des auswärts Essens entgegen: Generell kochen viele Menschen nicht zu Hause, sondern greifen günstig auf dem Nachtmarkt zu. Nicht zuletzt erhoffen sich viele Chinesen aber auch unbelastetes Essen: Von ausländischen Ketten erwartet man bessere Kontrollmechanismen.

Anders als in Europa kann man sich in China Fastfood oft sogar nach Hause liefern lassen. Die landesweit einheitliche McDonald's-Telefonnummer 4008 517 517 kann man sich leicht merken, denn sie wird ausgesprochen wie der Satz: »Ich will essen, ich will essen.«

Wo kann man bei McDonald's heiraten?

In Hongkong! In drei Filialen bot McDonald's 2011 die Wedding Packages an, heute finden in zehn Filialen regelmäßig Hochzeitsfeiern statt. Doch wie kommt man auf die Idee, ausgerechnet zwischen Cheeseburgern und Fritten zu feiern? Ein Großteil der Paare, die hier das Ja-Wort begehen, hat sich bei McDonald's kennengelernt oder dort ihr erstes Date verbracht. Andersherum könnte man also sagen: Vorsicht bei Verabredungen in Fastfood-Restaurants – in Hongkong sieht man, wo das hinführen kann.

Die Konkurrenz Kentucky Fried Chicken schläft übrigens nicht: In der muslimisch geprägten Provinz Xinjiang kann man bei KFC die Beschneidungsfeier buchen – zumindest den nichtmedizinischen Teil.

Alles Käse: Milch und Laktose

Mittlerweile gibt es ihn auch in China: Käse in allen Variationen. Als westlicher Import gilt er als schick.

Für die meisten Chinesen bleibt Käse eine eher seltsame Angelegenheit: schlecht gewordene Milch, am Ende sogar noch verschimmelt! Auch mit dem Ausgangsstoff, der Milch, stehen viele auf Kriegsfuß, allerdings aus biologischen Gründen: Vielen Chinesen fehlt das Enzym, um Milch abzubauen, rund 90 Prozent der Bevölkerung sind laktoseintolerant.

Kein kalter Kaffee

China ist kein Land, das man sofort mit Kaffee assoziieren würde. Zu Recht, denn bis in die 1990er war es jenseits der Luxushotels nahezu unmöglich, eine Tasse Kaffee aufzutreiben. Starbucks expandierte gar erst 1999 nach China. Mittlerweile fährt der amerikanische Kaffeeriese den größten Teil seines Gewinns in China ein! Rund 2000 Filialen betreibt Starbucks mittlerweile im Reich der Mitte (Stand 2016), bis 2019 sollen weitere 1400 dazukommen.

Der Grund ist einfach: In den chinesischen Städten steht Kaffee für einen westlichen Lebensstil, und die Zahl der konkurrierenden Kaffee-Ketten wie Coffee Tree, Boona Cafe, The Coffee and Tea Leaf ist seither ebenso enorm gestiegen. Zu Hause trinken die Chinesen übrigens noch immer am liebsten Tee – oder Instantkaffee, der einen Marktanteil von 80 Prozent hat. Generell tendieren die Kaffeeliebhaber in China eher zu mildem, süßem Kaffee. Raum für weitere Entwicklungen ist allemal, denn mit durchschnittlich fünf Tassen Kaffee pro Jahr erreichen die Chinesen bisher nur einen Bruchteil des westlichen Konsums (Deutschland: 150 Liter pro Jahr).

In der subtropisch-tropischen Provinz Yunnan wird Kaffee mittlerweile auch angebaut, meist für den Nestlé-Konzern, der das Gebiet bereits 1992 als potentielles Anbaugebiet entdeckt hatte und Info-Büros für die Bauern einrichtete. Und weil man damit mehr verdienen kann als mit dem traditionellen Teeanbau, ist China mittlerweile der vierzehntgrößte Kaffeeproduzent der Welt.

Vorreiter in Sachen Kaffee war übrigens die Insel Hainan: Bereits in den 1950ern führten Überseechinesen dort Kaffee aus Südostasien ein. Während der Kulturrevolution ging der Konsum stark zurück – die Vorliebe für ein so offensichtlich westliches und »dekadentes« Getränk hätte gefährliche Konsequenzen nach sich ziehen können.

Was stinkt da auf dem Nachtmarkt?

Nachtmärkte sind eine tolle Sache: So viel zu sehen, so viel zu probieren, und hat man den Magen erst durch wiederholten Bakterienkontakt gestählt, bleibt der Besuch sogar ohne Folgen, denn an den kleinen

Garküchen wird alles frisch zubereitet. Nur eins stößt dem westlichen Besucher geradezu sprichwörtlich auf: der Geruch. Hat hier jemand einen Kanaldeckel offen stehen lassen? Verrotten irgendwo einige Tonnen gebrauchter Windeln? Und warum gerade auf dem Nachtmarkt? Die Lösung des olfaktorischen Rätsels heißt *chòu dòufŭ* 臭豆腐: Stinke-Tofu. Seinen Namen verdient er sich redlich, denn selbst Liebhaber dieser Leckerei essen ihn nur mit Rückenwind. Im Grunde ist die vergorene Tofu-Spezialität nichts anderes als der asiatische Bruder des Stinkekäses – nur eben mit größerer olfaktorischer Schlagkraft.

Stäbchen: Einweg, Mehrweg, alles Mist

Noch in den 1980ern stand in jedem kleinen Restaurant ein Becher mit mehr oder minder gut gespülten Stäbchen. Das war umwelt- und leider auch Hepatitis-freundlich. Andere Bakterien und Viren wussten diesen Lebensraum ebenfalls zu schätzen. Dann kamen die Einwegstäbchen auf, und die Restaurantbesucher konnten wieder beherzt zugreifen – Pardon, zukneifen. Doch auch die Einwegstäbchen sind nicht der Weisheit letzter Schluss: Der enorm hohe Verbrauch an Essstäbchen führte dazu, dass 1986 Abgaben auf Einwegstäbchen aus Holz erst eingeführt und 2006 erhöht wurden, um die Abholzung einzudämmen. Jedes Jahr werden in China mehr als 45 Milliarden Paar Stäbchen verbraucht, wofür 25 Millionen Bäume gefällt werden. Von der japanischen Variante unterscheiden sich die chinesischen Stäbchen übrigens auf den ersten Blick: Die chinesischen Esswerkzeuge sind am unteren Ende nicht spitz, sondern stumpf.

Glückverheißende Nahrungsmittel

Zum Neujahrsfest werden vorrangig Gerichte serviert, die für das folgende Jahr Glück bringen sollen. Zum Beispiel diese hier:

- Jiaozi-Teigtaschen *jiǎozi* 饺子: Ihre Form erinnert an die Silberbarren der Kaiserzeit.
- Fisch *yú* 鱼: klingt wie das Wort »Überfluss«. Doch Vorsicht: Man darf ihn nicht umdrehen und auch nicht komplett aufessen, denn der Überfluss soll nie enden.
- Erdnüsse *huāshēng* 花生: Ihr Name enthält die Silbe shēng, die auch »gebären« bedeutet, die Nuss soll für Nachkommen sorgen.
- Lange Nudeln *chángshòu miàn* 长寿面: symbolisieren ein langes Leben. Man schneidet sie daher auch nicht durch.
- Klebreiskuchen *niángāo* 年糕: Dieses Wort kann

man auch als »Dieses Jahr etwas Höheres erreichen« verstehen. Der Kuchen verheißt also Beförderungen, gute Prüfungsergebnisse oder einen besonders hohen Kontostand.

- Orangen *chéng* 橙: Sie werden wie die erste Silbe des Wortes »Erfolg« ausgesprochen und sind daher auch als Dekoration sehr beliebt.

China wird dick

Dünn sind die Chinesen, zumindest, wenn es nach dem westlichen Vorurteil geht. Dieses ist allerdings reichlich überholt: Waren 1982 nur 7 Prozent aller volksrepublikanischen Bürger übergewichtig, galten 1991 schon 15 Prozent der Bevölkerung, also immerhin 30 Millionen Chinesen, als fettleibig. 2014 schließlich zählten 30 Prozent der Bevölkerung zu den Übergewichtigen, 11 Prozent waren fettleibig. Besonders furchterregend ist jedoch: Vor allem bei Kindern steigt das Gewicht rasant an.

Schuld an der Gewichtsmisere sind eine ganze Reihe von Faktoren. Zum einen können sich heute viele Menschen einfach eine »gute« Ernährung leisten: An die Stelle von Getreide und Gemüse sind oft fleisch- und fettlastige Gerichte getreten. Vor allem Einzelkinder werden in der Familie zudem von allen Seiten mit Leckereien vollgestopft.

Die vermeintlich fettarme Ernährungsweise der Chinesen war ohnehin nur der Öl-Rationierung geschuldet, die erst in diesem Jahrtausend aufgehoben wurde. Zudem bewegen sich die Menschen erheblich weniger als früher: War Ende der 1980er das Fahrrad noch das Standard-Verkehrsmittel und die beliebteste Alternative zu den überfüllten öffentlichen Verkehrsmitteln, sieht man heute kaum noch Menschen durch die Straßen strampeln oder gar weite Strecken laufen.

Mit den Wirtschaftsreformen und dem daraus resultierenden Wohlstand tauchten gleich noch eine ganze Reihe neuer Begriffe im Vokabular der Chinesen auf: Kinder-Schlankheits-Camps, Fettabsaugung, Diabetes, Abnehmpillen …

Was muss mit?

»Ich fahre demnächst nach China – was muss ich mitnehmen?« Dieser Satz gehört zu den am häufigsten gestellten Fragen sämtlicher touristischer Beratungsgespräche und Internet-Reiseforen. Hier einige Empfehlungen:

- Bequemes Schuhwerk. Das klingt ziemlich lapidar – nimmt denn nicht jeder bequeme Schuhe mit? Wenn es um Schuhe geht, fordert China seine westlichen Besucher gleich in zweierlei Hinsicht: Zum einen sind die Straßen nach einem starken Regenguss oft überschwemmt und nicht selten ein wenig schlammig – ein echtes Todesurteil für empfindliche Schuhe. Gut, wenn man dann ein zweites Paar dabeihat. Zum anderen endet das Schuhangebot für Frauen in China bei Größe 39. Alles darüber gilt als Quadratlatschen und sorgt im Schuhgeschäft für Heiterkeit. Männer können immerhin bis Größe 43 komfortabel einkaufen. Darüber hinaus sollten auch sie eher gut beschuht in den Urlaub starten.
- Für Frauen ab Kleidergröße 42: Alles, was man an Kleidung braucht, denn Chinesinnen sind

vergleichsweise klein und vor allem unglaublich schlank. Schon Hosen in Größe 40 gehören in China ins »Big is Beautiful«-Regal. Kein Wunder: Die durchschnittliche städtische Chinesin ist 159 Zentimeter groß, auf dem Lande kommen die Frauen sogar nur auf 157 cm. Auch große Männer tun sich beim Kleidungskauf schwer: Ab 175 Zentimeter aufwärts wird das Angebot eng. Allerdings muss man dazusagen: Je weiter nördlich, desto größer sind auch die Menschen in China, und das Angebot der Läden ist darauf eingestellt: Der Unterschied zwischen einem Beijinger und einem Bauern aus der südwestlichen Provinz Sichuan beträgt immerhin rund fünf Zentimeter. Für die Konfektionsgrößen 36–38 (Frauen) und 46–50 (Herren) ist China übrigens ein wahres Shoppingparadies. Wer im Bereich (aus chinesischer Sicht) großer Größen stöbern will, ist mit den touristischen Märkten wie dem Beijinger Seidenmarkt gut bedient. Dort hat man sich längst auf die »überdimensionalen« Ausländer eingestellt.

- Eine Plastiktasse und Portionsbeutel mit Kaffee: Heißes Wasser gibt es im Teetrinker-Land China wirklich überall, je niedriger die Sternekategorie des Hotels, desto seltener ist auf den Zimmern jedoch Kaffee zu finden.
- Kosmetik, vor allem Cremes: Viele Produkte in

China sind mit einem »Weißmacher« versehen, der der Urlaubsbräune schnell ein Ende bereitet.

Ein ganz großer Teil all der Dinge, die wir täglich benutzen, kommt übrigens ohnehin aus China. All die Kleinigkeiten, die in der Eile zu Hause vergessen wurden, kann man daher mit großer Wahrscheinlichkeit problemlos vor Ort nachkaufen.

Für alle, die den Kontakt mit den Menschen vor Ort suchen, gehören auch Familienfotos ins Gepäck: Kinder, Ehefrau, Eltern, Haus und Freunde … wer solche Aufnahmen bei Zufallsbekanntschaften im Park herumreicht, zieht schnell eine ganze Menschentraube an – es ist einfach unglaublich spannend zu sehen, wie der Alltag des fremden Besuchers aussieht. Eine Faszination, die ja durchaus auf Gegenseitigkeit beruht.

Zum Weiterlesen

Richard McGregor: »Der rote Apparat – Chinas Kommunisten«, Matthes & Seitz, Berlin 2013
Alles über die KPCh: Wie sie rekrutiert, funktioniert und wie sie sich gewandelt hat

Frances Wood: »Marco Polo kam nicht bis China«, Piper Verlag, München 1998
Eine kritische Beleuchtung des großen Weltreisenden

Kai Vogelsang: »Geschichte Chinas«, Reclam Verlag, Stuttgart 2013
Ausführlich und spannend zu lesen

Frank Dikötter: »Maos großer Hunger«, Klett-Cotta Verlag, Stuttgart 2014
Eines der besten Werke über den Großen Sprung nach vorn

Angela Köckritz: »Wolkenläufer – Geschichten vom Leben in China«, Droemer Verlag, München 2015
Porträts aus dem modernen China

Hellwig Schmidt-Glintzer: »Wohlstand, Glück und langes Leben – Chinas Götter und die Ordnung im Reich der Mitte«, Verlag der Weltreligionen, Frankfurt 2009
Wissenschaftliche Betrachtung der Religionen Chinas

Julia Lovell: »Die Große Mauer«, Theiss Verlag, Stuttgart 2007
Das wahrscheinlich ausführlichste Werk über die Große Mauer – und wirklich spannend zu lesen

Jonathan D. Spence: »Chinas Weg in die Moderne«, dtv, München 2001
Der Klassiker schlechthin über die Geburt des modernen China

Françoise Hauser: »Gebrauchsanweisung Chinesisch – So funktioniert die meistgesprochene Sprache der Welt«, Reclam, Stuttgart 2015
Was macht das Chinesische eigentlich so … chinesisch? Dieses Buch wirft einen leichtverständlichen Blick auf Struktur und Geschichte des Chinesischen.